EL HECHICERO DE ANTIOQUÍA

Adriana Anaya Cuéllar

EL HECHICERO DE ANTIOQUÍA

EL EFIGIE SAGRADO

Nombre del libro: El hechicero de Antioquía
Autor: Adriana Anaya Cuéllar
Diseño de portada: : Ricardo Pérez/Comunicación Global Design.
Edición: Georgina Vega/Diana A. Pérez/Comunicación Global Design
Coedición gráfica: Aziyadé Uriarte/Comunicación Global Design.

© Del texto, 2023 (Adriana Anaya Cuéllar)
Primera edición: (Agosto, 2023 año)

Reg: 03-2023-082910573800-01
ISBN:9798861248457

www.comunicaciongd.com   www.autopublicatulibro.com

Irma Cuéllar,

Jesús Cuéllar y

Ana Isabel

AGRADECIMIENTOS

A mi hija Ana Isabel, porque sin su invaluable ayuda no habría podido realizar este sueño.

A mis hermanas y hermanos, por su apoyo incondicional a lo largo de los años.

A mis amigas y amigos, por su complicidad en esta aventura.

Al equipo de trabajo de Comunicación Global Design, por su profesionalismo, gentileza y consideración.

CONTENIDO

ADVERTENCIA A MIS LECTORES

Todos los eventos extraños que aparecen en esta novela son reales... Desde la perspectiva de quienes vivieron en la fascinante época en que se desarrolla esta historia.

I

Costa de la media luna

Una y otra vez las olas avanzaban y retrocedían sobre la playa. Su rumor incesante hacía eco en los acantilados. Mar negro de noche negra, nada favorable para dar a luz. Esta fue precisamente la noche en que el hijo, el primer hijo de Mitradis y Areté, eligió para nacer.

Se dijo que ese niño eligió nacer en tan oscura noche, porque faltaban dos meses aún para alumbrarlo, pero ese bebé tenía prisa. Como era su primer parto, la madre no imaginaba siquiera lo que estaba por sufrir. A sus alaridos interminables se unió de pronto un llanto tan potente, que la voz de la mujer ya no pudo escucharse. Una vez que la joven vio a su diminuto hijo, se durmió profundamente. En tanto, el padre oraba frente al mar, frente a las sombras de la noche e invocaba a la luna que no se veía, pero que sí estaba presente en los espacios celestes. La partera le llamó para que mirara a su primogénito que aún olía a sangre. Era hermoso, pero muy pequeño. Aun así, lo contempló extasiado, lo tomó en brazos envolviéndolo en una piel de carnero y lo llevó consigo al acantilado, al más alto y lo elevó consagrándolo a la noche, a la luna nueva y a la Gran Madre... Desde esa altura contempló el mar ante sus ojos y la inmensidad del cielo.

Un temblor suave y tibio recorrió su cuerpo y el del niño. Mitradis comprendió que su hijo había sido aceptado y se prometió cumplir en él, la obra confiada a su familia por generaciones. No solamente sería su sucesor, sino que sería aún mejor que él mismo. Llevaría por nombre conocido el de Cipriano, pero también para sus propósitos, el antiguo y poderoso nombre concedido a los centinelas del culto a la Gran Madre.

A la luz tenue del amanecer, el niño fue llevado a su madre para que lo amamantara, pero no brotó una sola gota de su pecho, así que fue necesario alimentarlo con leche de cabra, mojando una tela en la cubeta de madera del ordeñador. Cipriano no podía succionar bien, y la atribulada madre le dejaba caer gotas de leche en la pequeña boca una a una.

Las mujeres de la familia se miraron entre sí con profunda tristeza; sin embargo, y pese a sus temores, el niño sobrevivió como un guerrero de la vida, alcanzando buen peso y mejor talla.

Una mañana en que el sol inundaba la playa, la madre llamó a su hijo que ese día había cumplido seis años y le pidió que se pusiera frente al mar. El niño caminaba junto a ella y miraba el brazalete de oro que Areté llevaba, permanentemente; ese extraño brazalete cubierto de bellos signos y que contemplaba mientras cantaba suavemente una antigua canción y miraba el mar y las estrellas al atardecer.

—Cierra los ojos mi niño, pero no con fuerza. Ahora, escucha el mar atentamente, distinguiendo el murmullo de cada ola... Aspira la brisa marina, ¿a qué huele?

—A peces, madre.

—Sí, ¿a qué más?

—A sal... El niño aspiró más profundamente. Huele también a otra cosa, pero no puedo saber qué es...

—Huele a vida, hijo, a cosas que se mueven en las profundidades, que en este momento están nadando, comiendo... esperando a ser percibidas. Algunas son diminutas y brillantes, otras son enormes, otras horrendas. Pero todas están para un propósito y están vivas. Siente sus vidas como parte de todo, de ese todo en el que tú también estás incluido. El mar, esas criaturas y tú son lo mismo. Ahora hijo, siente con tus pies, con tus manos, con toda tu piel... Agua, aire, fuego, tierra, criaturas vivas accederán a tu voluntad si sabes hacerte uno con ellas.

Cipriano se quedó quietecito, en silencio, sintiendo bajo las plantas de sus pies la arena húmeda y pegajosa. Percibía en su cabeza el calor del sol y en todo su cuerpecito la brisa marina. Percibió, incluso, su propia inmovilidad.

—Todo lo que te rodea es para que lo conozcas y para que lo palpes. Si no experimentas las cosas primero, no te van a revelar sus secretos. No van a permitir que las conozcas bien. Solo vas a conocer un poco de ellas si no las acaricias, las saboreas, las escuchas, las hueles, las tocas y las ves.

Diciendo esto, le hizo abrir los ojos y como recompensa a su dedicación, le regaló un higo que Cipriano masticó muy despacio reconociendo que tenía un sabor mejor que los otros higos que había comido antes.

En tanto el niño crecía, había empezado a acumular tesoros personales en la oquedad de unas rocas que servían como límite con el mar. Cipriano era el pequeño rey del terreno que ocupara la casa del mar de sus padres. Amaba cada rincón, especialmente la cueva de sus tesoros, porque en ella había guardado los restos de la cabra que lo amamantó. En un saco de cuero conservaba los huesos resecos y blancos de su cornuda nodriza y junto a ella acomodaba con cuidado todas las demás cosas que le resultaban de valor.

Era un niño que jugaba solo, su madre después de darlo a luz había perdido un segundo hijo. Cipriano se quedó sin hermanos, sin hermanas y como único dueño del inmenso amor de sus padres; también heredero de sus bienes y tradiciones

Cierta tarde calurosa se aventuró a cruzar la pared de rocas que, a modo de media luna, defendía la propiedad del mar y de uno de los flancos en la playa y empezó a caminar tierra adentro. A sus once años era mucho más alto que otros niños y también bastante más despierto. Al subir por una colina, pudo ver una casa de arcilla con un ventanuco y una puerta estrecha. Afuera de la casita, un niño limpiaba lechugas y pepinos, y los colocaba en una cesta grande.

Se acercó amistoso y el muchachito, pequeño de estatura y de ojos enormes y oscuros, lo miró con interés. Cipriano saludó en siriaco, pero el otro niño pareció no comprender, entonces probó en griego... El niño respondió y le dijo que su nombre era Marcos.

En pocos minutos ya se hablaban como si fueran amigos desde años atrás, pero repentinamente, una mujer con un bebé en brazos salió de la casucha y apremió asustada a Marcos para que entrara, cerrando tras de sí la puerta. Cipriano no supo qué hacer y se quedó atónito, mirando las lechugas y los pepinos de la cesta y pensando en si sería él tal vez alguien a quien se le debía temer o si sería otra la causa de la reacción de la mujer.

Un poco desanimado emprendió el camino de regreso a su playa y a su casa donde las cosas estaban siempre mucho mejor.

Días después, Cipriano se encontraba muy ocupado intentando darle vida a un pequeño y rasposo pez, de acuerdo con el procedimiento que le había enseñado varias veces y con infinita paciencia su padre. Mientras recitaba las palabras en la secuencia correcta, con el ritmo correcto y con la entonación correcta por milésima vez, sin resultado alguno, debatiéndose entre el tedio y la frustración, distinguió una pequeña cesta con higos sobre la parte baja del muro de roca de media luna.

—¡Qué bien! —se dijo entusiasmado—, ¡los espíritus de las ruinas me han traído un obsequio! Fue entonces que apareció de improviso, casi golpeándolo en la nariz, la carita de Marcos cubierta de tierra y sudor, pero muy sonriente.

—Es un regalo para ti, hermano Cipriano.

—Pero, ¿por qué, Marcos?, y además no somos hermanos.

—Es para disculparme por la forma en que mi mamá me obligó a entrar a la casa. Pero donde vivíamos antes no podíamos hablar con extraños porque no sabíamos si iban a delatarnos y sí, somos hermanos, porque todos somos hijos de un mismo Dios y a todos nos amó su hijo Jesús.

—¡Qué cosas tan extrañas dices! Ven para enseñarte dónde vivo.

El pequeño Marcos se limpió la cara con el antebrazo y siguió a Cipriano por la playa hasta la entrada de la casa. Era un enorme pórtico de dos columnas en piedra y daba acceso a una sala amplia e iluminada, con el suelo pulido y varias mesas de madera alrededor. Al fondo, una mesa más alta y fuerte, hecha de cedro, sostenía una serie de artefactos y envases, además de algunos rollos de papiro. La casa estaba invadida por el olor a cordero asado y a pan caliente. Areté salió al encuentro de su hijo y miró con simpatía y curiosidad al niño que lo acompañaba.

—Mira, madre, es Marcos y vive más allá del muro de rocas.

Para la mujer fue obvio lo que provocaba que las fosas nasales del niño se ensancharan y su lengua diera un corto paseo por la parte inferior de la boca.

—Llegaron a tiempo para comer, el cordero está listo y si se tardan un poco más se enfriará.

Nunca se habían visto antes desaparecer tan rápido los trozos de carne del hermoso plato de cobre que ocupaban. Marcos parecía haber ahorrado su apetito por muchos días. Concluida la comida, Areté puso en la cesta donde habían traído los higos, pan, trozos de cordero y pastelillos de trigo y miel para la madre de Marcos. A partir de ese día los muchachos no dejaron de visitarse, conversar, correr por la playa, entrar al mar y escalar el muro rocoso.

Aunque Marcos hablaba constantemente de su Dios y del hijo de este, del amor a los demás, del perdón y de la caridad, Cipriano se guardaba muy bien de no comentar las enseñanzas que iba adquiriendo de su padre, quien le dijo que de comentarlo con su amigo, podría perder el favor del pequeño.

A propósito de lo que debía aprender, por más que se esforzaba, no lograba poner en práctica con éxito los encantamientos enseñados amorosamente por su padre. Nada extraordinario sucedía, aunque el chico era excepcionalmente bueno para memorizar los sortilegios, y le recomendaba ser paciente, a Cipriano la paciencia ya se le había agotado.

En esto cavilaba una tarde que caminaba hacia la casita de arcilla de su amigo Marcos, cuando vio con horror que unos hombres sacaban con brutalidad a la pobre viuda y a sus dos hijos de la casucha. Arrastraban del cabello a la mujer y le arrebataron la niña de pecho. Marcos tenía la cara, las rodillas y las piernas ensangrentadas. Eran tres hombres enormes y fuertes, de piel cetrina y gesto feroz. ¿Qué podía hacer? Marcos le había hablado de que a quienes creían en Cristo Jesús y en un Dios único les llamaban cristianos y que los perseguían, los golpeaban, robaban sus pertenencias e, incluso, los asesinaban.

No podía ir a pedir ayuda y ni siquiera sabía si se la brindaría alguien, pues su amigo y la familia de este eran tan pobres que parecían ser invisibles para cualquiera. Vio cómo la mujer suplicante se arrodillaba igual que su hijo. Unieron las manos y bajaron la cabeza esperando lo peor.

Cipriano entonces tuvo una idea desesperada. Se puso de pie levantando las manos, miró hacia donde la noche venía en camino e invocó el poder y la protección de la Antigua Madre a quien veneraron por generaciones sus antepasados.

Fue en ese momento, que uno de los hombres advirtió su presencia y se lanzó hacia él.

¡Miren –gritó— aquí hay otro de esos corderitos! ¡Vamos a enviarlo a su cielo! Aún esbozaba su sonrisa desagradable cuando una flecha atravesó su pecho, derribándolo.

De pie sobre las rocas se erguían su madre y los hombres que estaban al servicio de su casa.

Los dos agresores restantes abrieron desmesuradamente los ojos e intentaron huir sin conseguirlo, ya que habían caído sobre la arena, heridos por varias flechas.

Areté se acercó a la mujer, le entregó a la pequeña y la ayudó a incorporarse. Sacudió piadosamente la ropa de Marcos. Uno de los arqueros preguntó si debían dar muerte a los forajidos malheridos restantes.

—No por favor, señora, —dijo débilmente la madre de Marcos— Jesús dijo que se debía perdonar y amar a los enemigos.

—Mujer, si así lo hiciéramos, no tardarán en atacar a otra persona e, incluso, a ustedes mismos, pero... en fin. -Luego ordenó a sus servidores —¡Átenlos y llévenlos al puerto! ¡Entréguenlos a los comerciantes de esclavos!

La madre de Cipriano se acercó a su hijo abrazándolo tiernamente, mientras pegaba la morena cabecita a su mejilla. Luego dijo a la madre de Marcos.

—Será mejor que no sigan ustedes viviendo en esta choza expuesta a tantos peligros. ¿Dónde está tu marido?

—Soy viuda señora. Él era pescador y su pobre barca naufragó en el mar. Vivo vendiendo frutas y hortalizas, que los buenos mercaderes me obsequian en la plaza de la ciudad.

—¿Cómo te llamas?

—Lida, señora, y ella es mi hijita Irene. A mi hijo ya lo conoce.

—Ven, Lida, trae tus cosas si así lo deseas. En nuestra casa hay trabajo y espacio para ti.

La pobre mujer se sorprendió gratamente y en unos minutos reunió sus pocas pertenencias. No había mucho qué pensar.

—Dios en su misericordia se ha apiadado de nosotros, Marcos. Gracias, señora. Mira, hijo, todas las cosas suceden por la voluntad del Padre que está en los cielos y fue necesario sufrir este tormento para encontrar paz.

Muy contenta y aliviada caminó con su bebé en brazos y su hatillo de ropa hacia la casa, casi saltando de alegría.

—Con cuán poco es feliz esta gente —comentó conmovida Areté.

Ya en el salón, mientras miraban a través de la larga ventana vertical la puesta del sol, Cipriano preguntó a su madre cómo había sabido que él estaba en peligro.

—Tú me llamaste. El temor y la angustia hicieron que tu pensamiento, como una paloma, volara hasta mí y se posara en mi corazón.

—Yo invoqué a la Gran Madre.

—La Gran Madre aún habita en todas las mujeres.

II

La hermosa
Antioquía

El padre de Cipriano se ausentaba con frecuencia para ayudar a las personas que así se lo solicitaban con diferentes asuntos lejos de casa. Al mismo tiempo tenía que comprar muchas y diversas cosas que necesitaba para llevar a cabo su ocupación como médico. En esta ocasión, el niño tenía verdadera urgencia de verlo, de estar con él y contarle lo que había sucedido.

Pasaba su tiempo conversando y jugando con Marcos y, cuando estaba a solas, trazaba signos en la arena de la playa, coleccionando conchitas, piedras, y matando pequeños bichos tornasolados, para luego reanimarlos con algunos conjuros sencillos. Eso sí, por más que lo intentó, no pudo volver a despertar a la vieja y descarnada cabra.

El sol del Egeo enrojecía el horizonte cuando la figura de su papá, oscurecida por la luz del crepúsculo, se dibujó a lo lejos. Cipriano dejó en el suelo su tortuga de dos cabezas y corrió hacia él, que posó la mano protectora sobre el hombro del niño.

Luego de que la familia compartiera sopa de pescado acompañada de pan y cebollas, el padre procedió a colocar sobre la mesa las cosas que había traído. Entregó primero varias piezas de satinada seda a su esposa.

Cipriano esperó a que su madre se retirara a guardar la seda y un brazalete de oro para narrarle a su padre lo sucedido semanas antes. Mitradis comprendió inmediatamente que era el momento justo en que lo que había sido un juego para su hijo se convertiría en asunto serio para el resto de su vida, a la vez sentía en su interior una mezcla de amor, respeto y temor que le oprimía el corazón. Le dijo que ambos irían a la ciudad de Antioquía para que observara y se iniciara de lleno en las dos artes que por generaciones su familia había practicado: la magia y la medicina.

Esa noche, luego de acompañar a su madre un rato, Cipriano se fue a su lecho compuesto por pieles de cordero apiladas, que le brindaban un mullido sitio para dormir. Pasó varias horas con los ojos abiertos. Le era imposible dormir, pues estaba muy emocionado y recorría su cuerpo un temblor agradable. Sentía como si todos los bichos con los que jugaba le corrieran por dentro. Así que, al amanecer, le costó despertar, pues hacía muy poco que se había dormido.

Se puso de pie, se limpió la cara con aceite y se vistió con una túnica nueva, muy bonita, de color azul. Se colocó sus sandalias, las que nunca usaba, ya que caminarían bastante. Por fin inició su viaje. El primero al lado de su padre.

Luego de atravesar parajes llenos de árboles pequeños, abrojos y rocas, empezaron a ver extensos campos de olivos y luego verdes huertos cercados por hileras de palmas de dátiles, altísimas. A lo lejos distinguieron, inconfundible por su resplandeciente blancura, la ciudad de Antioquía, la reina del cercano Oriente.

Entraron por la puerta del oeste que los condujo entre dos hileras de esbeltas y elevadas columnas corintias al ágora, en el centro de la ciudad. De esta plaza partían tres vías más. También bordeadas por columnas. Cada una se dirigía a un punto cardinal.

Había hacia el sur de la inmensa plaza un pórtico, bajo el cual se acomodaban una infinidad de mercaderes con sus productos: cítricos de las islas del Egeo, maderas de los bosques de Líbano, algodón y lino blanquísimos de Egipto, vino de la tierra de los galos, objetos de cobre del norte del Mediterráneo, sedas de más allá del Tigris, joyas de los persas, cabras y vacas de los hombres de las llanuras. Todo olía a una mezcla de perfumes, frutos, orines de camello y humores de viajeros. El sol calentaba el cuerpo de Cipriano, al mismo tiempo que el sudor y la tierra que lo cubrían le provocaban comezón. Además, estaba hambriento, verdadera tortura viendo tantas delicias que probar. Pero debía esperar a que su padre dispusiera dónde y cuándo comerían.

El niño también se dio cuenta de la forma en que las personas miraban y se dirigían a su padre. Era una mezcla de respeto, admiración y temor. Uno de ellos, hombre, bajo y rechoncho, los condujo a un enorme montón de costales que contenían lentejas y una gran cantidad de animalillos negros que se las comían.

Mitradis pidió al hombre que los dejara solos. Pronunció un encantamiento a la vez que arrojaba sobre la gran cantidad de costales de lentejas puñados de un polvo muy suave de color azulado. Esperaron un largo rato y luego poco a poco los minúsculos animales abandonaron los sacos, para ir a morir alrededor. Llamó al comerciante y le mostró los cadáveres indicándole que debía recoger hasta el último y arrojarlos en agua, y por ningún motivo dejarlos enterrados o abandonados por ahí.

—En esto hijo mío, es necesario ser muy limpio y ordenado. Luego recibió del agradecido cliente un saco de lentejas relucientes y varias monedas doradas, no menos resplandecientes.

Compraron una gran cantidad de pan y quesillos, los colocaron en una enorme bolsa, y la subieron a una carretilla, empujada por un joven que la alquilaba.

Tomaron por la avenida del oriente y caminaron un buen rato hasta entrar en un suburbio de casuchas de tierra con ventanucos. De varios de ellos salieron mujeres andrajosas y ancianas sucias portando platos hondos de barro, que el padre del niño llenaba con las lentejas recibidas del comerciante como pago, utilizando una medida. Repartieron los panes y los quesillos. Apenas habían concluido con esta tarea que sorprendió a Cipriano, cuando ya de vuelta, mientras la noche caía, tres hombres les salieron al paso, uno de ellos era el joven de la carretilla y con palos amenazaron a Mitradis para que les diera las monedas que le quedaban en su bolsa.

Cipriano sentía cómo su corazón latía y golpeaba su pecho, intentaba en vano invocar a la Gran Madre, cuando su padre posó sobre su hombro su mano y dijo:

—No temas.

Entregó a los hombres su bolsa, quienes se apresuraron a mirar el contenido y de la misma salieron silbando tres serpientes delgadas y coloridas, con sus lenguas amenazantes. Veloces y terribles mordieron a los dos que estaban más cerca, el tercero salió huyendo, pero Mitradis corrió tras él y le introdujo la serpiente restante entre la ropa, a pesar de sus súplicas. Mientras los ladrones se retorcían presas de los últimos estertores del dolor. Mitradis dijo a su pequeño:

—Abre tu mano con generosidad a quien necesite de tu ayuda y ciérrala, implacable, alrededor del cuello de quien en su ingratitud te pague con mal el bien que le hayas hecho.
—Cipriano se aferró a la mano de su padre pensando en sus palabras, y juntos se dirigieron a la casa de Filión, viejo amigo del hechicero, quien les ofreció hospedaje.

Su casa se ubicaba en un próspero barrio detrás del enorme teatro semicircular, uno de los más bellos de la región. Descansaba en lo alto de una colina. Se accedía a ella por una escalinata adornada con pequeñas columnas. La puerta daba acceso a un enorme salón iluminado por decenas de velas de cebo traídas desde Cartago. Una larga mesa de madera estaba servida con frutas, pan, piezas de cerdo cubiertas de harina dorada y piezas de aves sazonadas con especias. Pasaron a lavarse las manos y la cara, y luego disfrutaron de la gentil hospitalidad del gordo y barbado anfitrión. Mientras Cipriano comía dulces de miel de abeja, pétalos de flores y dátiles, el amigo de su padre les narró una historia sobre un tesoro oculto en las cercanías de Palmira, que era custodiado por el espectro de quien fuera su dueño en vida.

—Te estaba esperando, Mitradis, pues ya he visto otros magos y no han podido hablar con él.

—Haré lo que pueda, pero te advierto que el precio es alto.

—Te pagaré lo que me pidas, ya que ese tesoro es inmenso.

—No. Me pagarás primero de tu propia bolsa, porque el precio del tesoro del que me hablas puede ser la vida misma, ya que iríamos a robar a un muerto y si su alma no descansa ahora, menos lo hará después. Pero tú debes decidir.

—¿Quieres decir que yo moriría forzosamente?

—Eso no se nos es dado saberlo. Igual podrías ser inmensamente rico.

—De todas formas iré. Bueno... si tú me acompañas.

Mitradis asintió tranquilo y siguió comiendo una costilla de cerdo increíblemente bien asada.

Días después, se prepararon para hacer la jornada hasta Palmira. Cargaron varios asnos con alimentos, mantas, odres con agua y herramientas para cavar. Varios esclavos los acompañarían.

Salieron por la puerta que da hacia el Oriente y por varias horas siguieron la vía hecha por los romanos muchos años atrás. Conforme avanzaban, las tierras de cultivo verdes y frescas empezaron a dar paso a colinas cubiertas de vegetación de monte. Luego se abrió ante ellos el desolado e inmenso desierto de tierra adentro.

En la última aldea, Filión cambió sus asnos, que eran muy hermosos, por camellos polvorientos y pacientes, masticando sin cesar, tumbados bajo el sol. Cipriano los conocía, pero nunca había montado en uno. Se situó a espaldas de su padre, quien le indicó que mantuviera la boca cerrada y con la lengua adentro. El niño se preguntó cómo podría mantener la boca cerrada y con la lengua afuera, pero decidió no entrar en aclaraciones. Entonces y aún después, el muchacho nunca pudo comprender por qué su padre, tan sabio en muchas cosas, no lo era del todo en algunas otras.

El calor durante el día era intenso, aun con la cabeza cubierta y protegiendo su rostro, Cipriano sentía como si estuviera atado dentro de un saco. Su pecho estaba oprimido, respiraba con dificultad y las primeras horas del viaje, el subir y bajar del camello lo mareó terriblemente. Valiente contuvo las náuseas, solo porque no quería avergonzar a su padre.

Una mañana particularmente luminosa, el niño escuchó palabras de entusiasmo de los viajeros cuando a lo lejos descubrieron una marca verde en medio de la arena cegadora. Conforme se aproximaban, vieron elevarse un gran número de palmeras. Era el oasis de Afqra, que cobijaba en su interior una de las ciudades más bellas y antaño poderosas, Palmira. Situada entre los dos poderosos imperios, el de los romanos y el de los partos.

—Cipriano, no mires solo los restos de la hermosa Palmira, imagina su grandeza antes de su destrucción.

—¿Quién pudo destruirla, padre?

—Los soldados de Roma.

—Y la soberbia de su reina. La gran Zenobia. —dijo Filión—, se proclamó gobernante de esta ciudad y se atrevió a retar el poder de Roma. Confiaba en que la riqueza y fuerza de sus habitantes sobrevivirían y aún vencerían al ejército del imperio. ¿Qué puedes aprender de eso, muchacho?

—Fue una mujer muy valerosa esa reina, pero no te pelees si no vas a ganar.

Una franca carcajada de Filión resonó en medio de las construcciones.

—Bien, muchacho, muy bien, no te escuchaste como se escucharía tu padre, pero tu respuesta es buena.

La luz del sol de media tarde se estrellaba en la piedra aun blanquísima de los edificios. Una avenida flanqueada por columnas altas rematadas en capiteles abundantes en hojas, cruzaba la ciudad de un extremo a otro. Era aún más larga que la de Antioquía. Hacia el norte se ubicaban varios edificios, el templo de Bel de dos plantas adornado al frente con pares de columnas, el templo de Nebo con varias escalinatas, el teatro enorme casi intacto y varios palacetes donde antes habitaran las familias preponderantes de la ciudad, quienes se habían marchado poco antes de la última batalla contra los romanos. Ahora solo permanecían en la ruinosa ciudad los habitantes que no tenían a dónde ir o los comerciantes y artesanos que aún disfrutaban de la ubicación de este enclave, justo en el camino que comunicaba al mediterráneo con las misteriosas naciones que vivían donde nace el sol.

La gente se reunía en el mercado aún populoso. Uno de los vendedores que ofrecía diversos tipos de inciensos, urnas, mirra y cajitas incrustadas con trocitos de maderas finas y de marfil recibió con entusiasmo al padre de Cipriano y a su amigo. Era muy alto, delgado y de piel oscura. Se llamaba Borad y era famoso porque decían que había viajado a lugares lejanos inimaginables y que lo mismo comerciaba por tierra que por mar.

Filión muy en secreto comunicó a Borad la razón de su viaje.

—¿Cómo vas a encontrar el tesoro? Necesitas hablar con el dueño y ese ya está muerto.

—Ya te habrás dado cuenta de que tengo al mejor hechicero para hablar con muertos que hay en el imperio de Roma.

—Bueno, siendo así y si logra aplacar la furia del difunto, no creo que haya mayor problema.

Cipriano escuchó inquieto esas palabras, pero se abstuvo de preguntar.

Desde la ciudad en aquel amanecer azul, era posible ver los cerros en cuyas faldas se localizaba el valle de las tumbas, en las que reposaban los cadáveres de los habitantes del lugar desde hacía siglos.

III

El valle de los murmullos

Ya instalados en el valle de los muertos aguardaron a que cayera la tarde. Cuando el silencio reinó y la luz en el horizonte era apenas una línea, encendieron una hoguera y asaron un cordero pequeño, calentaron vino especiado y esperaron a sus inusuales invitados.

Cipriano escuchó un murmullo lejano, tan imperceptible que el niño pensó que se trataba del viento entre las ruinas. El murmullo aumentó hasta convertirse en muchas voces incomprensibles y luego una serie de chispas cruzaban el monte en diferentes direcciones. Finalmente, una voz dominó sobre todas las demás. Era ronca, lenta como si le costara mucho hablar a quien la emitía.

—¿Para quién es el banquete?

—Para el dueño del tesoro de Palmira –respondió Mitradis.

—¿Qué deseas del dueño del tesoro de Palmira?

—Que lo entregue.

Esta vez fue otra la voz que había respondido y una sombra inmensa se proyectó, gracias al fuego de la hoguera, contra la pared de roca.

—¿Qué me darás a cambio?

—Muéstrame el tesoro primero y luego te lo diré.

La tierra crujió y una hendidura dejó escapar una luz azulosa que parecía venir del fondo de la tierra.

—He aquí la riqueza —dijo la profunda voz. Ahora dime dónde está mi pago.

En ese momento fue Filión quien intervino en voz muy alta —Te daré el alma de un poderoso hechicero, que he traído hasta ti.

Cipriano, su padre y Borad se quedaron atónitos ante estas palabras, justo en el momento en que uno de los dos esclavos se lanzaba contra Mitradis armado con una daga. El niño no pensó dos veces y siendo más pequeño y ligero se interpuso entre el asesino y la víctima, justo para recibir una herida en la cabeza. El hechicero más veloz aún que su hijo, arrebató la daga al esclavo y la lanzó contra Filión, incrustándola en el corazón de este. Se acercó al hombre que agonizaba, sacó la daga y la levantó con ambas manos.

—Yo te ofrezco el alma de un hombre capaz de traicionar a un leal amigo a cambio de riqueza y ahora te la estoy entregando.

—Así sea —tronó la voz, y Filión expiró. La tierra se sacudió con un estruendo y se abrió devorando su cuerpo.

El atribulado padre corrió al lado del niño que ya había sido atendido por Borad, tenía un rasguño en la nuca y en un hombro. Ambas heridas muy dolorosas, pero no graves.

—Gracias, hijo, larga vida a quien arriesga la suya por salvar a otro —dijo el hechicero, abrazando a Cipriano que apretaba los dientes mientras Borad cauterizaba las heridas.

Las voces de la multitud invisible se habían apagado. Reinaba el silencio, interrumpido por el crepitar de la leña en la fogata. Los esclavos habían huido al ver morir a su amo. Los tres viajeros estaban solos, en la quietud sagrada del valle de los muertos.

—¿Cómo haremos si buscan a Filión? —Interrogó preocupado el buen Borad.

—Presa de la ambición planeó mi muerte y la de mi hijo; así que tuvo buen cuidado de no decir a dónde pensaba ir. El último en vernos serías tú, Borad.

—Sí, y yo estaba a punto de partir a uno de mis largos viajes. Por lo que esto que tenía planeado ese traidor no se podría aclarar en años, pues en último caso, esta sabandija diría que ustedes habrían decidido viajar junto conmigo. Así que a mí me esperaba el mismo terrible destino.

Mitradis dijo con amargura: —Era un amigo al que realmente quería, y mira, creo que había pensado en todo-.

—Sí. Pensó en todo, menos en que tienes un hijo muy valiente que te ama.

Cipriano respiraba tranquilo y dormía profundamente, gracias a una infusión que había preparado su padre.

Días después, el niño estaba bastante recuperado y casi listo para regresar al hogar. Sin embargo, su padre aún tenía algo que hacer.

Cada noche, al caer el sol, el viento silbaba alrededor de la oquedad en la que habían instalado su tienda. Encendían fuego y luego ponían a cocer pan, dentro de un improvisado horno hecho con piedras. Calentaban vino, lentamente, para que el aroma de estos manjares se mezclara con el incienso que ardía en una vasija profusamente adornada con símbolos pintados en tonos azules y verdes.

Convidaban a los que yacían en las tumbas y poco a poco, de la noche misma surgían los espectrales murmullos, primero lejanos y luego muy similares al zumbido de las abejas y otras veces, al ruido de las olas del mar cercano al hogar del niño.

Una tarde en que las tumbas proyectaban sombras azuladas contra las paredes color ocre de la montaña, Mitradis y Borad hicieron una hoguera mayor que la de otros días, cerca de su tienda. Rodearon el espacio de esta con sal y con aceite, y se colocaron al centro, junto con el intrigado Cipriano.

Esperaron a que la luna estuviera en el punto más alto y el hechicero pidió a su hijo que por ningún motivo se quedara dormido. Mitradis invocó la protección de la Antigua Madre y finalmente pidió permiso para abrir el portal que comunicaba el reino de los vivos con el de los muertos.

Una leve sacudida de la tierra, apenas perceptible para el niño, era la señal de que estaban protegidos.

—¡Dueño del tesoro de Palmira, yo te invoco!

Como en la ocasión pasada, uno de los murmullos se volvió comprensible.

—¡Aquí estoy!

—El precio por tus posesiones ha sido pagado. Ahora dime dónde está el tesoro y esta vez habla con verdad.

En esta ocasión, ante ellos se dibujó una silueta blanquecina y alargada, que levantando lo que debía ser su brazo, señaló, más allá de las tumbas y justo al pie de la montaña. Una pequeña hendidura en el terreno dejó escapar una luz fosforescente.

—Ahora podrás elegir. Quedas libre para descansar o para vagar por estas tierras sin atadura alguna.

La silueta se desvaneció y los tres solitarios, únicos vivos en ese tenebroso valle, quedaron en silencio. Mitradis entonó un antiguo canto de despedida, que se escuchaba dulce y piadoso en medio de aquella oscura desolación. Luego velaron y mantuvieron el fuego hasta el amanecer.

Cuando el sol asomó tras las montañas, los tres con barras y palas cavaron el terreno agreste y duro. Ya se habían habituado a los susurros y sombras de sus compañeros nocturnos. Nadie visitaba el valle excepto para algún ocasional entierro, entonces los cavadores dejaban su quehacer hasta que volvían a estar solos en el lugar.

Por fin, la barra golpeó algo que no era rocas y de la tierra emergieron varios odres de barro, sellados con cera y cajas de madera, todos ellos repletos de monedas, peinetas de carey con incrustaciones de turquesas, brazaletes griegos bellamente tallados, pendientes y broches de oro con perlas y conchas formando figuras de animales, dagas persas con hermosas empuñaduras de carey y plata, tiaras con esmeraldas y pectorales ricamente adornados.

Una vez distribuidas las riquezas, emprendieron el regreso a sus destinos. Borad se alejó hacia el oriente, Cipriano y su padre a occidente.

41

—Padre —preguntó el niño— ¿cómo supiste que el tesoro no estaba en el lugar que el espectro señaló la primera vez que lo invocaste?

—Porque los muertos y los vivos pueden ser a veces mentirosos, sobre todo cuando se trata de cuidar lo que les pertenece. Cuando se busca o se quiere saber algo, nunca es bueno quedarse con las primeras palabras que se escuchan.

Llegaron a Palmira, vendieron y compraron algunas cosas, para pasar por mercaderes comunes, cruzaron el desierto, blanco, deslumbrante, descansando al mediodía, invocando a los ancestros para que quien los viera creyera que estaban acompañados de mucha gente.

Sanos y salvos llegaron a Antioquía. Mitradis retomó su tarea de curar dolencias de muchas personas que lo esperaban. No olvidó comprar con una parte importante de las riquezas obtenidas en el valle de los muertos higos, trigo, garbanzos y piezas de tela que obsequiaba a sus pacientes más pobres.

Su hijo le cuestionó acerca de gastar en alimentos para personas extrañas las riquezas que les pertenecían.

El padre le pidió que tomara una bolsa de tela y la llenara hasta el tope. Luego debía arrastrarla hasta un buen escondite.

Así lo hizo el niño, pero inevitablemente la bolsa se rompió.

—¿Por qué está rota tu bolsa, Cipriano?

—Porque metí más de lo que podía cargar en ella.

—Esa es la razón por la que las riquezas se comparten, porque también para los hombres hay un límite de posesión y una vez que se rebasa, puede hacer que el espíritu también se rompa.

—Como le sucedió al espectro del valle y al propio Filión, ¿verdad? Uno por guardar más de lo que pudo disfrutar vivo y otro por querer guardar más de lo que ya tenía y que era suficiente. Entonces... es mucho mejor ser pobre.

Es mucho mejor saber hasta dónde puede resistir la bolsa de tu espíritu.

El padre posó su mano en el hombro de su hijo y caminaron hacia el mar que resplandecía color turquesa en el horizonte. Estaban en casa.

VI

El legado

A sus dieciséis años, Cipriano pasaba todo el tiempo que le era posible junto a su padre, perfeccionando sus sortilegios y componiendo polvos, ungüentos y brebajes curativos. Pero cuando Mitradis viajaba, se hacía cargo de los asuntos de la casa y de Antioquía en su sustitución; no había vuelto a acompañarle, pues su padre le había hablado de un gran viaje de muchos días que el muchacho debía emprender muy pronto. Todo esto y la amistad con el leal Marcos mantenían su mente ocupada. Sin embargo, su corazón era un asunto aparte.

Cierta tarde en que, con Marcos, había entrado en la hermosa Antioquía para comprar hierbas medicinales de más allá del Tigris y entregar varios ungüentos hechos por encargo, sus oscuros ojos tropezaron con los ojos de una joven que detrás de la celosía de un jardín miraba distraída hacia la calle.

El muchacho sintió que su corazón latía muy rápido y una enorme ansiedad le recorría el cuerpo. Sabía que no podía aproximarse a preguntarle su nombre, pero también sabía muy bien a quién pagar para que lo averiguara. Cosa que hizo inmediatamente. Marcos estaba sorprendido, pues nunca había visto a su amigo tan emocionado.

El nombre de la encantadora criatura era Silvana. Se trataba de la hija de un comerciante de algodón importado de Egipto, lejana tierra de la que había traído a la madre de la muchacha. De ahí el color dorado de su piel y el intenso negro de sus pupilas.

Decidido a dar el primer paso para establecer una relación con la muchacha pidió, suplicó y rogó a su amigo Marcos permanecieran ambos unos días en la ciudad con el pretexto de hacer algunas compras, y dedicó horas a rondar la casa de su amada, rodeada por un muro sobre el que crecía una tupida enredadera de flores blancas.

La jovencita, que notó muy pronto la presencia de los dos muchachos, se complacía en dejarse admirar, entrecerrando sus enormes párpados y sonriendo leve y burlonamente cuando los veía pasar una y otra vez frente a su casa. Una tarde en que una brisa suave mecía las palmeras, la joven con un ademán indicó a los muchachos que se acercaran. El corazón de Cipriano parecía querer perforar su túnica y sentía la boca seca. Súbitamente varios pastelillos confeccionados con lodo y paja se estrellaron contra su elegante vestimenta, su cara, su cabello y también contra el pobre Marcos, que nada tenía que ver con el asunto. La malvada chiquilla había hecho que sus criadas dieran a su enamorado una cálida muestra del interés que en ella despertaba aquel joven excesivamente flaco y con ojos de cervatillo.

Tan terrible respuesta a sus atenciones no hizo más que exacerbar su inmenso amor, y se dijo que era el momento de conquistar a la muchacha a quien había decidido convertir en su esposa.

Gracias al tiempo dedicado a rondar la casa de Silvana, el joven había visto al padre entrar y salir, sabía aproximadamente el número de camellos y asnos que poseía y la cantidad de talegas y sacos que estos transportaban al local que ocupaba en el mercado. Calculó así, que se trataba de un ciudadano con abundantes recursos. Tal vez no tantos como los que su padre poseía, pero sí los suficientes para que la situación económica de la familia no fuera un impedimento para sus planes matrimoniales. De modo que muy contento, en compañía de Marcos, se encaminó de regreso a su casa junto al mar para solicitar a su padre que pidiera en matrimonio a la hermosa y cruel Silvana. Una vez hecha tal petición, solo se trataría de aguardar el tiempo necesario para celebrar la boda con una gran fiesta. Cipriano estaba totalmente seguro de que con el trato y apelando a sus encantos personales, lograría conquistar a la seductora jovencita.

El corazón de Marcos rebozaba de expectación y de júbilo por la felicidad que invadía a su amigo, cuando al llegar a la casa del mar, Lida, la madre de Marcos, salió corriendo al encuentro de ambos, agitando los brazos y con la más grande alegría reflejada en su rostro. Abrazó a los muchachos y luego, atropelladamente, les comunicó que la persecución a los cristianos había terminado.

—¡El emperador Constantino ha decretado que se puede ser libre para creer en lo que uno quiera! A través de su dicha hablaban creyentes que por tres siglos habían sufrido terriblemente por causa de su fe en Cristo y en un solo Dios. Marcos, como si aún fuera un niño, dio saltos, gritó y abrazó a su vez a la emocionada mujer.

Nada podía ser mejor esa tarde luminosa y perfecta para Cipriano. Estaba a punto de pedir a su padre que solicitara a Silvana en compromiso matrimonial, había hecho buenos negocios en Antioquía y, además, su mejor amigo y la familia de este, estaban libres de persecuciones y abusos para siempre. Encomendó los animales y la carga a un esclavo y apresuró el paso para encontrarse con sus padres.

Pero al llegar al salón principal de su casa y a pesar de la radiante luz que la inundaba, Cipriano pudo ver los rostros de Mitradis y Areté sombríos. Serios como si una honda preocupación los invadiera. Ante tal situación, se guardó sus planes nupciales y esperó a que su padre hablara con él.

Mitradis le pidió que lo acompañara a dar un paseo por la playa. Cipriano nunca olvidaría aquel momento. El Egeo profundo se perdía en el horizonte, confundiéndose con el cielo. El sol de media tarde se estrellaba en la blancura de la arena y las rocas; todo envuelto por luz dorada y suave. El padre caminaba muy lentamente, como si de pronto hubiera envejecido y luego de un largo silencio, se dirigió al muchacho en un tono solemne.

—Hijo, desde el despertar de los tiempos todos los seres fuimos concebidos y amados por una fuerza infinita, protectora y generosa: la Gran Madre, cuyos poderes y nombres has aprendido a adorar. Nuestra familia ha custodiado los conocimientos sobre ella por cientos de generaciones, sabiendo que late en todo lo vivo y fluye de manera tal, que vibra en el espíritu de quien la invoca. Hasta ahora, nuestros ancestros y nosotros habíamos sido considerados como privilegiados sacerdotes suyos, pero las cosas ya no serán así. Deposito en ti el milenario deber de proteger el culto a la madre primigenia, aún a costa de tu propia vida.

Cipriano miró a su padre con profundo amor y convicción, asintiendo. El mago colocó su mano sobre el hombro del joven y en silencio contemplaron al sol que lentamente se ocultaba detrás del mar, tiñendo este de oro, luego naranja, rojo y finalmente violeta. La indescriptible belleza del crepúsculo inundó el corazón del joven, quien en ese momento pudo percibir la fuerza que animaba a cada ser en el cosmos y sintió la armonía que se establecía entre todo lo que lo rodeaba y a él mismo. Esa sensación aumentaba gradualmente y lo inundaba hasta desbordarlo. Todo giró a su alrededor y perdió el conocimiento. Al abrir sus ojos, la noche cubría el mar. Recostado sobre la arena, miró a su padre que, de pie, con inmensa ternura le dijo casi en un murmullo.

—Es ella. Recíbela y venérala.

Al día siguiente, Areté ordenó a todos sus servidores que marcharan a Antioquía a llevar ofrendas a los diversos dioses que cada uno venerara, de modo tal que se supiese por ellos que la familia de Mitradis estaba en acuerdo total con lo dispuesto por el emperador de Roma y que en caso de que no existiera templo o altar para las ofrendas, las repartieran entre los pobres. Muy del agrado de ellos fue esta orden y todos, incluyendo a Marcos y su familia, partieron temprano a la populosa ciudad.

En casa solo estaban Cipriano y sus padres. Mitradis pidió a su mujer y a su hijo que lo siguieran. Entregó a su esposa una antorcha que había encendido y retiró una gran cantidad de cenizas del fogón, hasta dejar libre una loza que levantó con ayuda del joven. Debajo no se encontraron los restos de sus antepasados, como lo marcaba la costumbre, sino los primeros escalones de un pasaje que conducía hacia los basamentos de la casa. Alumbrados con la antorcha, descendieron la estrecha escalera que al joven le pareció interminable y llegaron finalmente a un salón cavado en la roca. Enorme y vacío, solo contenía un altar sobre el que descansaba la efigie burdamente tallada de una mujer que ostentaba enormes pechos, nalgas exuberantes y un vientre que atestiguaba un avanzado embarazo.

—Hijo, este es tu destino. Aguardaba a que fueras adulto para hacer de tu conocimiento su existencia, pero las cosas se han precipitado. Muy pronto iniciaremos los tres un viaje. Iremos más allá del desierto milenario, a la tierra de los sasánidas. Nos marcharemos a Persia, al templo de la flama eterna. Mira –le dijo, señalando hacia un rincón del extraño salón— Ahí está lo que hemos reunido a través de los años, esperando este momento.

El joven pudo ver varias cajas y odres que contenían monedas y joyas. Y pudo ver también a la débil luz de la antorcha, la mirada dulce de su madre, profundamente triste, tal vez por la partida. Cipriano comprendió entonces que la vida lo llevaría por un camino distinto al que él hubiera querido, pues lo apartaba, irremediablemente, de la encantadora Silvana.

Los días transcurrieron y los preparativos del viaje se llevaban a cabo. Todo había vuelto a la normalidad, y la casa se llenaba de voces y ajetreo de los sirvientes, y de la alegría de Marcos y de su pequeña hermana.

Cipriano meditaba sobre la nueva vida que le esperaba y la separación de su querido amigo. Como prometió a su padre, no le confesó nada al joven de lo que ahora sabía sobre la antigua deidad. Marcos y su familia habían decidido volver a su tierra de origen. Areté había entregado a Lida una suma generosa que le permitiría regresar con sus hermanos y vivir con ellos sin ser una carga.

Las últimas luces de la tarde envolvían en un tono violeta el mar y la playa. Cipriano y Marcos se entretenían nombrando las estrellas, cuando ambos se alarmaron al escuchar el galope de muchos caballos que rodearon la casa. Los jinetes iban cubiertos con capas enormes y oscuras. Sin previo aviso, se lanzaron contra la vivienda y sus habitantes, entrando por el pórtico y destruyendo todo a su paso.

Los guardias con sus arcos y su padre hicieron frente a los invasores, pero al ser superados, fueron vencidos uno a uno. Mitradis los increpó:

—¿Qué es lo que quieren, asesinos?

—¡Entréganos la efigie sagrada o muere con los tuyos por ella!

Cipriano corrió al lado de su padre y Marcos se colocó junto a su amigo. Con una mezcla de rabia, impotencia e incluso temor, ambos sentían que las piernas les temblaban y el corazón golpeaba su pecho. No estaban armados, sin embargo, resistirían hasta el último momento. Súbitamente, Areté entró en el salón y tomando del brazo a su hijo y a Marcos los obligó a seguirla.

En tanto, Mitradis se erguía sereno en medio de los extraños invasores que no se atrevían a acercarse al hechicero.

Cipriano se soltó de su madre, ¿cómo era posible que le impidiera ayudar a su padre a quien tanto amaba? ¿Qué clase de niño o de cobarde llorón creía ella que tenía por hijo? Estas preguntas las hacía lanzando alaridos, mientras su madre lo arrastraba junto con el aterrado Marcos hacia la playa.

—Hijo este es el verdadero viaje que los tres habremos de emprender. Tu padre y yo hemos cumplido nuestro destino, pero no hemos terminado con la tarea que nos fue encomendada, eso te toca a ti, y no lo podrás hacer si estás muerto. Sálvate y salva el antiguo culto. Aléjate de Antioquía. Haz el viaje que debíamos haber hecho juntos y honra a tus ancestros cumpliendo tu deber. Una terrible amenaza se cierne sobre este mundo y solo el poder de la Gran Madre la puede detener. Tú eres su centinela. Llévala contigo hasta el momento y lugar en que ella conjure ese peligro.

—¡No comprendo, madre! ¿A dónde debo ir? ¿Qué debo hacer?

La mujer lo tomó por los brazos y mirándole con amor le dijo con voz firme: —La Gran Madre te mostrará el camino. Ahora escapa y cumple tu destino-.

Areté regresó velozmente al interior de la casa, atravesando con valor inaudito entre los caballos de los agresores que se habían quedado fuera. En tanto, la madre de Marcos y el resto de las mujeres que se habían reunido con ellos, intentaban retener a Cipriano.

Súbitamente, una llamarada enorme brotó del salón principal y envolvió la casa completa y con ella a todos los jinetes de capas negras, sin tocar a sus caballos que corrían aterrados, montados por cuerpos en llamas que caían al suelo totalmente calcinados, dejando como único recuerdo de su presencia a sus animales huyendo despavoridos por la arena blanca de la playa. Cipriano cayó de rodillas. Las lágrimas solo le permitían contemplar las llamas, destruyendo la hermosa casa en que había sido tan feliz y que ardió durante toda la noche, consumiéndose, al igual que la vida segura y tranquila que hasta ese momento él disfrutara.

La aurora encontró a Cipriano ajeno a sí mismo y a lo que lo rodeaba. La madre de Marcos, como si fuera la suya, trataba de consolarlo al igual que su amigo, pero no había palabras que pudieran serles útiles para lograrlo.

Fue ya entrada la tarde que se apagaron las últimas llamas y pudieron acercarse a tratar de rescatar los cuerpos de los padres de Cipriano y de los leales servidores que habían muerto junto a su querido señor. Todo fue en vano. El piso de piedra pulida, que parecía hecho de nácar, estaba cubierto por una gruesa capa de ceniza y el lugar despedía un hedor nauseabundo a carne quemada. No quedó un solo cadáver ni parte de él. El extraño y súbito fuego lo había devorado todo: madera, telas, metales, carne humana y lo había convertido en enorme montón de ceniza.

Lida pidió encarecidamente a Cipriano que los acompañara:
—Tu madre abrió para nosotros las puertas de su casa y las de su generoso corazón. Creo que recibirte como hijo es una manera de darle las gracias. Tú has sido como un hermano para Marcos y para mi pequeña Irene. Ven con nosotros, tengo hermanos en Éfeso que nos esperan-.

El muchacho se puso de pie y abrazó a la leal Lida. Con palabras llenas de gratitud declinó su ofrecimiento.

—Pero, ¿qué vas a hacer solo, hijo mío?

—Antes de este horror mis padres me habían hablado de un viaje que debíamos hacer. Creo que sabían que esto sucedería. Me encomendaron una tarea que cumpliré por mí, por ellos y por mis ancestros.

Al comprender que la resolución del joven debía obedecer a una poderosa razón y a un ineludible compromiso, Lida aceptó sus argumentos y con profunda tristeza, ante los ruegos de Marcos accedió a que su hijo lo acompañara. Ella y las demás mujeres partirían cuanto antes, pues existía la posibilidad de que cómplices de los jinetes volvieran al no tener noticias de sus compañeros.

Una vez que Lida y las mujeres desaparecieron de su vista, Cipriano pidió a su amigo que buscaran el lugar que ocultaba la entrada a la sala subterránea. Agotados y tristes removieron cenizas ensuciando sus ropas y cuerpos. Tarea dolorosa pues en cada puñado oscuro de materia quemada, el muchacho imaginaba tener en sus manos los restos de sus padres.

Finalmente dieron con la loza del fogón. Con gran esfuerzo la levantaron encontrando la oculta puerta y descendieron por la escalera. Siempre temerosos de que alguien los estuviera espiando.

Marcos quedó maravillado ante la existencia de la habitación secreta y llamó más su atención la extraña figura tallada de la mujer encinta:

—¿Qué es esto? ¿Acaso un ídolo o algo así? —preguntó a Cipriano.

—Es más que eso, creo. Es la razón de nuestro viaje a la tierra de los sasánidas. Mi padre me dijo que ahí empezaría la búsqueda.

—¿Qué búsqueda?

—Tenemos que encontrar el lugar y el momento en que la Gran Madre protegerá este mundo de una terrible amenaza.

Tomó la estatuilla con respeto y sintió una sensación cálida. La serenidad lo inundó y poco a poco fue recobrando su ánimo. Si sus padres habían dispuesto que viviera, fue, entre otras cosas, para que cumpliera con la tarea que ellos dejaron inconclusa, obligados por su espantoso fin.

—¿Cómo piensas hacerlo? Mi madre nos dejó un poco de dinero, pero ir hasta allá debe ser muy costoso y peligroso.

—Es más peligroso quedarnos aquí, y en cuanto al costo, ¡mira!, le dijo señalando las cajas y odres que contenían los recursos que les permitirían viajar. Llevarían entre sus ropas lo que pudieran para comprar mercancías y se unirían a una caravana. Era la manera más segura de viajar a Persia. Después de todo, ante el resto del mundo ahora era un muchacho huérfano que acompañado por su amigo necesitaba alejarse del lugar donde asesinaron a sus padres, en busca de un futuro. Ya habría tiempo para regresar y descubrir qué o quiénes habían dado muerte a su familia y por qué razón. Cipriano aún adolescente, estaba aprendiendo entre otras cosas, a saber esperar.

V
Las arenas infinitas

Entraron a Antioquía por la puerta del oeste, caminando en medio de las mil quinientas columnas de la avenida que atravesaba la ciudad y se dirigieron a la plaza a comer algo.

No tardaron en encontrar a Borad, con quien Cipriano y su padre habían corrido una espeluznante aventura años atrás. Era un hombre algo amenazante de aspecto pero afable de trato, les indicó dónde debían descansar, mostrándose en todo momento satisfecho de que el hijo del gran hechicero viajara en su caravana. No olvidaba que gracias a Mitradis había salvado la vida y obtenido riquezas en el valle de los muertos. Muy conmovido por la noticia de la muerte de los padres del muchacho, se ofreció a apoyarlos en sus planes. Él mismo lo puso en contacto con vendedores de objetos que compró el joven para convertirse en un comerciante.

Avanzaban ya por el dorado desierto de Siria. Atrás quedaban las montañas de sombra violeta y se guiaban por la salida del sol y de la luna que semejaba una hoz. De vez en cuando, Cipriano escuchaba voces lejanas que traía el viento y cuyas palabras iba comprendiendo mejor conforme recordaba la lengua en que muchas veces le habló su padre. Esas voces eran los Djins, que vagaban en la soledad de los desiertos y de los valles pedregosos. Preguntaban cosas sobre los viajeros, y Cipriano respondía. Los demás podían escucharlos también, pero no entendían lo que decían. Así que, sobrecogidos y temerosos, apretaban en sus manos amuletos para protegerse contra los espíritus malignos del desierto. Los Djins, muy respetuosos y tolerantes en esta ocasión, les dejaban en paz y se contentaban con atormentarles en sueños, con horrendas pesadillas, en las que se les manifestaban tan espantosos como eran.

Cipriano había aprendido de su padre a no espantarse con aquello que resultaba horrible para el resto de las personas, pues no era otra cosa que la forma dada por la naturaleza a cada ser.

—¿Sabes, Marcos?, no deberían asustarse al verlos en sus sueños.

—¿Porque solamente están en sus sueños?

—Sí. Pero, además, porque no son horrendos, son diferentes a lo que estamos acostumbrados a ver.

Conversaban sobre esto, mientras acampaban en un pequeño oasis, cuando vieron a lo lejos un muro de arena que se levantaba del suelo repentinamente.

—¡Esos deben ser Djins! —exclamó aterrado uno de los viajeros.

—No —dijo Borad, con el rostro pálido—, peor aún son asaltantes de caravanas.

Todos se prepararon para vender cara su vida, con espadas y dagas en mano. Borad ordenó a los jóvenes que se quitaran sus suntuosas túnicas y le dio una daga a Cipriano, y luego los hizo introducirse en unos míseros sacos que untó apresurado con heces de camello atándolos fuertemente. Le debo la vida a tu padre, Cipriano, es tiempo de pagar mi deuda —le dijo y les ordenó guardar silencio. El muchacho abrazó la estatuilla con forma de mujer que llevaba siempre oculta entre sus ropas y cerró los ojos. Ambos adolescentes recordaban, inevitablemente, aquella horrible noche en la casa junto al mar.

A los alaridos y maldiciones siguió después un silencio absoluto. Luego de una larguísima espera, Cipriano hizo una hendidura en su saco. Todo estaba en calma, abandonó su escondite y liberó a Marcos. Justo en ese momento, una intensa luz blanca en el horizonte anunció el día y, bajo la claridad del cielo del desierto, pudieron ver la horripilante escena de cuerpos mutilados y objetos dispersos por todas partes. Decidieron llevar los cadáveres fuera del oasis para que la arena los cubriera piadosamente. Orando cada uno a su manera y en un silencio persistente, escuchando solo el susurro del viento. Todos sus compañeros, incluyendo a Borad, y una gran cantidad de asaltantes habían muerto y los camellos ya no estaban, por lo que deberían quedarse ahí, en medio de esa inmensa soledad de arena fina y blanca, sin saber por cuánto tiempo, hasta que pasara otra caravana o los atacaran otros bandidos.

Acomodaron bultos de mercancías a modo de pared para instalar una tienda que los protegiera del tiempo inclemente. Colocaron dentro las provisiones que pudieron encontrar y se tendieron a descansar. Todo esto llevado a cabo con notable diligencia y rapidez, esa rapidez que solo proporciona el miedo.

Cipriano era el mayor y asumió su responsabilidad. La supervivencia de ambos dependía de él y de nadie más en aquel inmenso desierto, por lo que se apresuró a decir a su amigo:
—No te preocupes, por aquí pasan muchas caravanas y una de ellas nos va a salvar. Pensó; sin embargo, que tal vez esa caravana iba a aparecer cuando los dos ya tuvieran barbas largas como las del viejo del desierto, pero no dijo otra palabra. Cubrió a su amigo con una manta suave de lana y esperó a que se durmiera.

Durante los días siguientes, se dedicaron a explorar el contenido de los fardos que los bandidos no habían podido cargar. Había frutos secos, cereales, objetos de metal para cocinar, afilar y cortar materiales. Había pieles de oveja y de cabra, bastantes botellas de un vino de muy buen sabor, velas de sebo esbeltas y decoradas con grabados de flores, pasas, almendras, espejos, peines y broches para cabellos de mujer.

Cipriano levantó un inventario detallado, mientras comían pescado seco con pan oscuro y aceitunas.

—Mira, Marcos, ahora podemos pasar por mercaderes cuando nos encuentren y vender todo esto.

—Oye, pero estas cosas no eran nuestras.

—Pues ya lo son, querido amigo mío, porque no creo que alguien las reclame.

—Esos ladrones pueden volver por lo que no se llevaron.

—Es posible, Marcos, pero muchos de ellos murieron en el asalto y es muy probable que una caravana nos encuentre primero —dijo para tranquilizar a su amigo—.

Muchas veces salió y se puso el sol tras las dunas. Tantas, que habían perdido la cuenta. Tenían agua fresca de un diminuto manantial en medio de su oasis y alimentos para largo tiempo. Una tarde conversaban sentados a la sombra de las palmeras, cuando vieron a lo lejos una línea de polvo provocada por una hilera de diminutas siluetas.

Corrieron a ocultarse en su refugio, en tanto la caravana se aproximaba al oasis.

Ya más cerca, los jóvenes pudieron ver que no se trataba de forajidos, sino de mercaderes. Cipriano salió de la tienda con el corazón latiéndole de prisa, casi escapando por su boca y levantó su mano en señal de paz. El que parecía ser el jefe, un hombre alto y muy delgado con barba entrecana y mirada cansada se dirigió a él en parsi. Era una de las lenguas que había aprendido de su padre, y con mucha cortesía, el joven les narró lo sucedido con miles de detalles, a la usanza de los persas. Esto agradó a su interlocutor, mientras el muchacho pensaba para sí, que no solo era bueno conocer una lengua, sino saber cómo y con quién utilizarla.

Amelec, que era el nombre del jefe de la caravana, se ofreció a llevarlos hasta el lugar al que esta se dirigía, ya que no podían desviarse, pues llevaban mercancías desde Gerash a Ctesifonte.

Dos noches después, los jóvenes conversaban en voz baja sobre lo que harían ya en tierras persas cuando, sobre las dunas, creyeron ver manchas, que poco a poco se hacían más grandes. A la luz de la luna distinguieron a una horda de jinetes, lanzando alaridos. Se trataba de la mancha negra y terrible de los bandidos del desierto. Probables sobrevivientes del encuentro anterior que volvían con refuerzos para recoger lo que había quedado, corrían hacia el campamento como una jauría hambrienta sobre indefensas cabras.

Los dos adolescentes se pusieron de pie para dar la alarma, pues creían que todos en el campamento estaban dormidos. Cipriano iba a lanzar un grito cuando alguien cubrió su boca y la de su amigo. Eran dos de los hombres de la caravana que los obligaron a callar.

No salían de su confusión, cuando el propio Amelec les indicó que guardaran silencio y ordenó a los pocos hombres que estuvieran despiertos, que apagaran las hogueras.

—Nuestros guardianes cuidan de nosotros mientras duermen —dijo tranquilamente el viejo Amelec.

Los ladrones avanzaron implacables sobre el oasis cuando, a punto de llegar, fueron interceptados por una jauría de perros enormes y lanudos. Eran lobos que, aullando, se lanzaron sobre los bandidos, desgarrando sus espaldas y abriéndoles las cabezas con sus zarpas. Eran tan grandes que podían destrozar a un jinete, e incluso, herir la cabalgadura de este. Los alaridos de dolor y pánico eran ensordecedores. La carnicería de que fueron objeto los asaltantes duró realmente poco. Algunos lograron escapar sanos y salvos, otros, malheridos, remontaban las dunas dejando tras de sí un rastro de sangre que las gigantescas bestias se apresuraban a seguir. La mayoría de los ladrones estaban muertos y desmembrados, regados sus restos sobre la arena. A la luz de la luna menguante podía verse a las bestias terribles disfrutando un verdadero festín, masticando vorazmente manos, vísceras y muslos hasta dejar los huesos blancos y relucientes.

Los guardianes de la caravana seguían durmiendo ante el asombro de los dos muchachos, que se limitaron a acurrucarse, sin hacer preguntas, entre los fardos de la que ya consideraban su mercancía y aguardaron al amanecer.

Los lobos se habían marchado, dejando solo osamentas rotas que se calcinarían al sol. Los guardianes despertaron y se dirigieron a la fuente de agua bebiendo largamente. Se despojaron de sus mantos y quedaron al descubierto sus cuerpos oscuros y musculosos, en algunos casos, mostrando heridas recientes.

—Esos eran perros muy grandes, señor —dijo Cipriano al jefe de la caravana.

—No son perros, muchacho, son lobos, de las llanuras de más allá del Tigris. Ahora es tiempo de alimentarnos.

Cipriano se ofreció para preparar pan y cordero asado, como había aprendido en el primer viaje con su padre, y mientras todos comían y reconocían su buena mano para sazonar, los jóvenes empacaban sus cosas y conversaban por lo bajo.

—Entonces, ¿de dónde llegaron esos perros, Cipriano?

—No son perros, son lobos... o algo más. Ellos son los guardianes de la caravana —dijo Cipriano.

—No puede ser. Los guardianes estaban dormidos.

—No, Marcos, sus cuerpos estaban dormidos, pero sus almas estaban en los lobos. Una vez me dijo mi padre que muchos hechiceros decían transformarse en animales, y la gente así lo cree, pero ahora sé que no. Sus cuerpos no se transforman. Son sus almas las que, en sueños, pueden entrar en cualquier animal.

—¿Y qué pasa con las almas de los animales en tanto sus cuerpos son ocupados por humanos? ¿Se van a otra parte?

—No. Yo creo que les hacen un espacio o se unen las dos.

—Eso es cosa de demonios, Cipriano.

—No, amigo, eso es cosa de cuando los hombres estaban más cerca de los animales. Mucho más cerca de lo que están ahora.

Esa noche Cipriano se acomodó en su lugar y se quedó mirando a la luna. Imaginó que su cuerpo era el de un lobo, sus patas, orejas, rabo, cabeza. Lentamente se obligó a sentir sus colmillos largos, su piel peluda, sus uñas como garras y se quedó dormido. Soñó que corría por las dunas y desde lejos contemplaba el oasis, sin acercarse. Sus músculos eran duros y su espalda flexible.

VI

En tierras del Gran Sapor

Cuando el jefe de la caravana interrogó a los dos muchachos sobre su origen, Cipriano tuvo buen cuidado de ocultar información. En esos días, el imperio persa y el romano no tenían las mejores relaciones y aunque se respetaban mutuamente, también recelaban uno del otro. Así que el joven dijo que eran hermanos, hijos de la viuda de un comerciante y que viajaban para vender sus mercancías. Que el menor de ellos había quedado mudo como consecuencia del miedo que sintió durante el primer ataque de los bandidos y que irían a Ctesifonte porque con un poco de suerte encontrarían a un tío de su padre. Esta historia convenció al buen Amelec. Poco después la caravana continuó hacia su destino.

Varias semanas transcurrieron y las dunas deslumbrantes dieron paso a la llanura cubierta de pastos y arbustos pequeños, de un color verde parduzco que se extendía hasta perderse en un horizonte coronado por montañas violetas. Al pie de estas, se esplegaba un valle inmenso y fértil. Campos verdes de trigo, cebada, y hortalizas complacían la mirada y alegraban el ánimo de los viajeros. Se trataba de la abundancia concedida por las aguas del Éufrates.

Los muchachos que tenían ya tiempo añorando su hogar no dejaron de felicitarse por estar, al menos, más seguros que en medio del desierto. Acamparon unos días y luego continuaron su viaje vadeando el río por un lugar bien conocido de los caravaneros. Poco después llegaron a Seleucia, a orillas del Tigris. Cruzando este se localizaba Ctesifonte, la populosa y rica ciudad comercial de los partos, destino final de la caravana.

La urbe protegida por una altísima muralla que resplandecía al sol de la tarde tenía varias puertas enormes alrededor y torres custodiadas por arqueros bien armados.

Los viajeros entraron por la puerta de occidente. A ambos lados de esta estaban esculpidos dos enormes guerreros con barbas cuadradas y tensando su arco como protectores divinos.

La puerta daba a una calzada empedrada por la que transitaban personas, caballos y camellos, además de carretas y alguno que otro perro. A los lados de esta vía se extendían dos acequias, a cuyas orillas, había plantadas esbeltas palmeras que compartían su sombra con arbustos cubiertos de toda suerte de flores: amarillas, rosas, violetas y azules. Más allá de las palmeras se veían casitas cuadradas hechas de ladrillo que parecían tomar un color ocre. Todas ellas ostentando diminutos y encantadores jardines.

Amelec y su gente avanzaron largo rato hasta llegar a un inmenso espacio abierto, la plaza de la ciudad. Era tan extensa, que los edificios en el lado opuesto parecían borrarse en el horizonte. Pero entre todos destacaba una gran estructura con una puerta abovedada, tan alta que podría parecer hecha por criaturas no humanas. Cuanto más se aproximaban, mejor podían ser admiradas sus paredes cubiertas de mosaicos multicolores. Surgían ante los ojos de los viajeros templos y pequeños palacios, cuyas paredes brillaban al sol, presentando escenas de combates de antiguos reyes, grecas, animales alados y flores fantásticas.

Amelec contempló burlón a los muchachos, cuyos ojos y bocas se abrían desmesuradamente.

—¡Mira, Cipriano! –exclamó Marcos. -¡Qué magnífico!-

Amelec detuvo bruscamente su caballo y espetó: —¿No dijiste acaso que tu hermano era mudo y que ambos eran persas?-

—¡Oh no, mi señor Amelec! Yo le dije que había enmudecido a causa de haberse asustado mucho con el ataque de los bandidos. Pero él sí puede hablar. Solo que –dijo acercándose al camellero lo más que sus cabalgaduras permitían– el pobre está un poco mal y lo que dijo no son más que palabras inteligibles que él inventa.

—Pues deberías llevarlo con un buen hechicero, podría estar endemoniado.

—Precisamente por eso estamos trabajando, para que mi pobre madre lo lleve con el gran Cipriano de Antioquía, famoso y poderoso hechicero —contestó—.

—Mira, muchacho, no te creo nada y además tienes cara de pillo. Si sé que me han mentido todo este tiempo, no quisiera estar en sus miserables pellejos. Por esta vez ignoraré lo ocurrido. Ahora descarguemos.

Cada jinete desmontó y descargó sus mercancías en un espacio asignado por la autoridad encargada de la plaza. En el mercado de Ctesifonte entraban en contacto los prósperos pueblos del este del mediterráneo y los legendarios reinos de la región por donde salía el sol.

Los caravaneros cenaron pescado asado y pan preparados por los muchachos, con tan agradable sazón que Amelec olvidó el incidente de la tarde. Ya entrada la noche todos se durmieron fatigados, con esa placidez que causa el terminar por fin un largo y extenuante viaje. Aunque a Cipriano le preocupaba pensar que un futuro gran hechicero—comerciante, además de sacerdote de la Gran Madre, tuviera cara de pillo y un pellejo miserable. En cuanto a Marcos, decidió que primero se dejaría cortar una oreja que volver a abrir la boca hasta que no hablara correcta y elocuentemente la lengua del país. Ambos soñaron con el mar y con sus familias.

Una vez instalados los mercaderes de Amelec, iniciaron la prometedora venta. Cipriano y su amigo no cabían en sí y se disponían a ganar una fortuna, cuando se acercó a ellos un hombre exclamando alarmado.

—¿Qué es esto? ¡Parte de esa mercancía es de mi querido hermano! ¡Ladrones! ¿Por qué la están vendiendo ustedes?

—¡Espera, hombre! ¿Quién eres y por qué dices que esta mercancía es tuya? —intervino enérgico Amelec—. ¡Ninguno de mis caravaneros es un ladrón, y si mientes, haré que te corten la nariz!

—Mira, señor jefe de caravana, este saco tiene la marca de mi hermano y mía —efectivamente, algunos de los sacos tenían una especie de flor de menta que los muchachos, para su desgracia, no habían notado—. -Cualquiera aquí puede atestiguarlo, —exclamaba, en tanto, la muchedumbre que se había reunido al escuchar los gritos, daba fe de las palabras del atribulado hombre.

—No, no señor. -Se apresuró a aclarar el aterrado Cipriano—. Mire esta mercancía es nuestra. Pero otra parte la encontramos en el oasis. Bueno, no. No la encontramos, pertenecía a nuestros compañeros que fueron muertos por los bandidos. El señor Amelec lo sabe. -En tanto Marcos permanecía callado para no empeorar las cosas.

—¡Muchacho mentiroso! —rugió el jefe de la caravana, con unos ojos que parecían arrojar fuego y la barba temblando como una culebra—. Tú me dijiste que era la mercancía de tu pobre madre viuda, y yo llegué a compadecerme de ustedes, par de ratas del desierto. ¡Pero ahora verán! ¡Tú, toma tu mercancía y lárgate! Si alguien reconoce sus propiedades, venga por ellas con testigos. Amelec no es un ladrón, ¡pero puede ser muy cruel con quien le miente!

Luego llamó al funcionario en jefe de la plaza y señalando a los dos aterrorizados muchachos, exigió que les cortaran las manos. En vano ellos clamaron por piedad.

—Sé que tal vez no sean asesinos de sus compañeros de caravana, pero presentar mercancía ajena como propia es ser ladrones y merecerían morir. Pero mentirle a un hombre de buena fe como yo es un crimen mayor, por lo que haré que les corten las manos y les saquen un ojo a cada uno, para que sufran por todo lo que les queda de vida.

—¡Un momento! —gritó una voz con afabilidad—. Señor jefe de caravana, soy Irmid, mago y comerciante también. Creo que estos dos son hijos de un criado mío, bastante sinvergüenza, que se me ha escapado hace mucho tiempo y creo que en pago de su huida debo reclamar a este par de roedores.

—Si es así —dijo el funcionario de la plaza—, ¡muéstranos, Irmid, alguna prueba de que lo que dices es verdad!

—Sabes que no miento ni engaño a nadie, Rum-Enash — el aludido sonrió con un atisbo de burla— y aquí no traigo el contrato de compra de mi criado, pero si me entregas a los muchachos, te lo llevaré al palacio de los escribas.

Los jóvenes sintieron nuevamente renacer sus esperanzas, solo para perderlas cuando Rum-Enash, el corpulento funcionario, se negó a escuchar la petición del rechoncho y amistoso Irmid, proclamando que la ley establecía los castigos a los crímenes, castigos que debían ser aplicados por el bien de la población en general y la paz del reino Sasánida.

La multitud celebraba la justicia tan bien administrada, mientras los jovencitos eran arrastrados al cepo del verdugo. Muchas cosas cruzaban por sus mentes. Su corta vida parecía transcurrir en unos pocos segundos en su pensamiento. Marcos se encomendó a Jesús y al padre, entregando su alma, pues sentía que no podría sobrevivir a este martirio. Cipriano, por su parte, murmuraba un sortilegio enseñado por su padre, en tanto invocaba con toda su angustia y la fe de que era capaz, el nombre de la Gran Madre. Lo hizo con todas sus fuerzas, gritando con voz que él mismo desconoció, pero que no fue escuchada por los presentes porque en ese instante, la tierra crujió con un terrible ruido y la plaza entera retumbó mientras una enorme grieta se abría justo en el centro, tragándose lo que había alrededor.

Un temblor de los que son frecuentes en la región provocó que todos corrieran aterrados, recogiendo lo que pudieron. Los animales huyeron en estampida, bramando y relinchando horriblemente, en tanto Rum-Enash, enérgico, trataba de establecer en lo posible el orden con ayuda de sus jinetes.

Amelec volvió a rugir: ¡ustedes dos o son realmente quienes Irmid dice y estábamos a punto de cometer una injusticia, o son en verdad un par de malas, muy malas personas! Creo que los dioses los protegen. Por lo que sea, lárguense y no quiero volver a verlos por aquí —y se marchó, dejando a los muchachos atados de manos y sobre el suelo. Luchaban por ponerse de pie, magullados, asustados y bastante sorprendidos, cuando se aproximó a ellos el buen Irmid. Cortando sus ataduras con una daga, los hizo correr hasta una lejana callejuela en donde por fin, se dejaron caer junto a una puerta, exhaustos, pero infinitamente contentos.

VII

Un mago del Medio Oriente

I rmid abrió la puerta de su casa y los invitó a pasar y descansar. —Es una suerte que este temblor se suscitara justo antes de la ejecución de su castigo.

—Sí lo fue —contestó Cipriano—. Muchas gracias por interceder en nuestro favor, señor.

—En realidad no pude hacer gran cosa. Ese funcionario no me escuchó. Él sí que es una mala persona.

—Gracias —dijo Marcos en un naciente parsi.

—Sé que no son de por aquí y los vi demasiado jóvenes para sufrir tanto y me dije: ¿Por qué no intentar salvarlos? Nada pierdo y puedo ganar dos buenos ayudantes.

—¡Eso sería excelente! Estamos agradecidos y no se arrepentirá. Solo me duele una cosa. Que el señor Amelec haya pensado tan mal de nosotros y, sobre todo que, de alguna manera, le dimos motivo para eso, defraudando su confianza y su buena fe.

—Estaban salvando sus vidas. Él lo comprenderá con el tiempo. Es un hombre justo. Por lo pronto comamos algo.

Irmid era un sujeto rechoncho y bajito, sonriente, impecable en su aspecto y con unos ojos vivarachos. Les dijo que se dedicaba al comercio y a la magia, siendo uno de los más reconocidos hechiceros de la región, e incluso, del imperio. El Gran Sapor rey de los persas, lo tenía como mejor amigo y consejero. Era además, y no hubo necesidad de decirlo, un excelente cocinero. Comieron un guiso de lentejas y cordero, también de pastel de pasas, agua muy fresca y sobre todo limpia. Acomodados en un rincón, durmieron como no lo habían podido hacer en mucho tiempo.

Lo primero que los jóvenes notaron, además del buen corazón de Irmid, era el desorden en que se encontraba su vivienda. Las telas se mezclaban con los tarros medicinales. Las rocas mágicas estaban dentro de los cacharros de cocina y había dulces descansando sobre textos sagrados. Aunque con cierta reticencia, el mago dejó que los jóvenes arreglaran la casa. Varios días se requirieron para hacerlo, pero finalmente fue más fácil para Irmid encontrar lo que necesitaba para sus diferentes tareas.

A partir de su llegada los jóvenes hacían recados e iban al mercado, evitando siempre al temido Rum-Enash. Poco a poco ganaron la amistad de Irmid, quien pronto notó que con la ayuda de los muchachos sus ingresos aumentaban, pues la buena disposición y laboriosidad de estos permitían aumentar la cantidad de productos que Irmid vendía. Sobre todo, aquellos cuya elaboración debía ser un secreto jamás revelable.

Uno de estos secretos era la fabricación de jabones. Consistía en reunir una especie de planta llamada salicornia, quemarla hasta que fuese ceniza y luego mezclarla con aceite de oliva, cocinando hasta obtener una pasta suave muy útil para asearse. Como en realidad ya eran muchos los poseedores de este secreto, también era mucha la competencia en el mercado. Cierto día, Cipriano recordando cómo su padre elaboraba bálsamos de exquisito perfume, sugirió a Irmid agregar flores maceradas a la pasta. Aunque con dudas, el mago aceptó y el resultado fue verdaderamente asombroso.

Este hallazgo los llevó a la cúspide de la venta de jabones, ya que elaboraron de diferentes aromas y aunque otros magos y comerciantes trataron de imitarlos, por lo pronto no lo lograron, pues pasaron por alto el detalle de que las flores debían macerarse y no utilizarse frescas.

Además, el conocimiento de especias y procesos aprendidos por Marcos junto a su madre en la cocina, los convirtió en reposteros favorecidos por la ciudadanía, y sus canastillas de dulces se vendían bien por las calles, pues a la plaza no podían asomar las narices.

Por las noches cenaban en paz y después conversaban sobre los sucesos del día. Luego Irmid tomaba una flauta y tocaba canciones tristes que le recordaban a una mujer muy bella, a la que había amado mucho.

—¿Y qué sucedió con ella? —preguntó Marcos que ya dominaba el idioma bastante bien.

—Ahora vive en la bonita casa de ese funcionario Rum-Enash, los dioses lo castiguen como su concubina —respondió Irmid, volviendo sin decir más, a tocar su música dulce y melancólica.

Alguien llamó a la puerta interrumpiendo la triste melodía. Se trataba de un hombre joven que solicitó la presencia de Irmid ante su amo, un acaudalado vendedor de caballos que compraba estos animales a los nómadas de las estepas, más allá del reino de Babilonia y los enviaba a los romanos. Este negociante no era bien visto por estas transacciones con los rivales, pero nadie se lo reclamaba, se había vuelto muy rico y poderoso.

Ya que Irmid fue requerido como mago, se presentó muy bien ataviado en compañía de sus dos ayudantes que eran, según dijo, aprendices enviados por un colega suyo desde el viejo Egipto y por lo tanto, jóvenes promesas en el mundo de la hechicería.

—Me han dicho que tú haces volar a los hombres como si fueran aves.

—Así es señor, aunque esto lo hacía mucho tiempo atrás. No lo he intentado últimamente, por lo que me temo que podría ser difícil.

—No quiero pretextos —interrumpió el hombre que se llamaba Uram, un sujeto enorme y barbudo con pómulos salientes y ojos rasgados. -He viajado y hecho muchas cosas, pero ahora, quiero volar. Si lo haces, te daré por recompensa un hermoso caballo. Si no sucede nada, haré que te azoten y también a tus aprendices, pero si algo me pasa, haré que te maten.

Ante tan tentadora oferta solo le quedó al asustado mago aceptar y poner por fecha, siete días más y por lugar el terreno de las torres del silencio. Pero existía una condición. El hombre debía asistir solo.

—¿Eso por qué? No pensarás tenderme una trampa, ¿verdad?

—No, mi señor. El problema es que para que puedas volar, debo invocar una serie de espíritus muy poderosos y terribles, que no hacen daño al volador, pero sí a quien presencia el vuelo

—¿Y no son peligrosos para mí?

—Como ya te dije. El volador está protegido por los rezos que mis asistentes elevarán de modo que los Devas no puedan hacerte daño, pero no sucederá así a quienes te acompañen. Recuerda que el vuelo es, en cierta forma, un reto al poder de las divinidades y del gran Ahura Mazda, loado sea.

Toda la concurrencia bajó la mirada al escuchar el nombre sagrado y en coro alabaron al Dios por su grandeza y bondad.

—Está bien, pero en prenda mandaré buscar a tu tía, la vieja hechicera Isharad, para que ella sufra las consecuencias si algo me llegara a suceder.

Al escuchar el nombre de su amada tía abuela, Irmid empezó a temblar de pies a cabeza. Finalmente, disuadido por la fuerza, agradeció al comerciante en caballos su gentileza y se marchó, seguido por sus dos asustados aprendices.

Poco después, la vieja hechicera Isharad fue traída desde su aldea a la ciudad por los hombres del poderoso comerciante, aunque tratada por sus captores con consideración, por el gran temor que les inspiraba.

Irmid, sus aprendices y el volador Ulam emprendieron el camino al valle de las torres del silencio que era una extensión entre colinas en las que se levantaban enormes estructuras circulares de piedra, muy antiguas, sobre las cuales, en una especie de emparrillado se colocaban los cadáveres, ya que estos no podían contaminar el suelo al ser enterrados. Tampoco podían contaminar el fuego, que era sagrado, al incinerarlos. Así que se les llevaba a la cima de estas torres para que las aves de rapiña hicieran su trabajo, dejando que los despojos cayeran a través de la rejilla hasta el fondo, donde tiempo, gusanos y hormigas concluían la labor de desintegrar el cuerpo para que el espíritu quedara libre.

Irmid se dispuso a preparar el vuelo de su emocionado cliente. Recomendando que debían esperar al crepúsculo para no ser vistos, pues la hechicería en la que se requería la intervención de demonios estaba prohibida en el reino de Sapor.

Colocó un cinturón sagrado al volador y dos pulseras, todo de metal resplandeciente como oro y muy ligero. El procedimiento mágico debía realizarse sobre la saliente de un desfiladero, el fondo de cuya vista resultaba escalofriante. Dio un brebaje dulce al hombre, y luego de recomendarle que no abriera los ojos, conjuró a las divinidades antiguas: —¡Atha, Milech, Nigheliona, Asermalech, Bassamoin, Eyes, Saramelachim, Baarel, Emod, Egen, Gemos! A todos vosotros espíritus invisibles que recorréis el firmamento y todo lo creado ¡quiero invocar en esta hora a fin de que pueda romper las ataduras entre el cuerpo de este hombre y el suelo que pisa!-

Dicho lo anterior, elevó una espada a los cuatro puntos cardinales, en medio de un crepúsculo sobrecogedor en el que el viento bramaba en el fondo del abismo, como si las deidades invocadas respondieran. Luego, propinó un buen puntapié al trasero del volador que quedó suspendido por el cinturón, de una cuerda que los eficientes aprendices sujetaban a un cilindro de madera. El repentino descenso inesperado no dejó que el comerciante advirtiera el asunto del arnés, pero hizo que   abriera los ojos desmesuradamente. El abismo ante su vista, que se volvía más aterrador por las sombras violetas de la noche ya cercana y los efectos causados por el infernal brebaje, hizo que el pobre hombre perdiera el conocimiento.

Con sumo cuidado fue izado por los jóvenes y el nigromante, quienes rápidamente soltaron la cuerda del gancho que sujetaba el rico y dorado cinturón, que en realidad era de madera ligera. Se aseguraron de prender fuego al cilindro, colocaron al hombre dentro de la pequeña tienda puesta exprofeso, y aguardaron a que se recuperara.

Luego de largo rato en que la pócima hacia su efecto, el volador abrió los ojos y dijo: —En verdad eres gran mago

Irmid, ya veo que Rum-Enash había mentido dudando de tu poder. Te has ganado tu caballo y la libertad de tu tía abuela.-

Más aliviados que contentos regresaron todos a Ctesifonte, sin novedad alguna. El comerciante en caballos aceptó no decir nada a nadie, dado que podrían tener, incluyéndolo a él, serios problemas por la práctica de hechicería con el auxilio de dioses antiguos, además de haber ofendido al amable señor Ahura Mazda, con sus insensatas ambiciones.

VIII

La flama
eterna

Ya en casa, sentados sobre el suelo y acompañados de la anciana Isharad, se regocijaron con la idea de montar el espléndido caballo y de vender vuelos a futuro, que podrían resultar realmente rentables, pues además del equino, habían recibido los tres un pago en brillantes monedas. Las contaban y recontaban, cuando Marcos las alejó de sí.

—Creo que no está bien recibir un pago por engañar a un hombre.

—Bueno, —dijo Cipriano— este hombre quería ser engañado. Solo está pagando por lo que quería recibir.

—Más bien está pagando por un sueño que se volvió realidad o casi realidad. Nosotros solo hicimos que sucediera lo que anhelaba con tanta fuerza. Es más. Lo hicimos feliz —comentó Irmid.

—Casi te cuesta la vida esa felicidad, o peor aún, me cuesta a mí —dijo la vieja Isharad.— Sin embargo, sobrino mío, tienes algo de razón. Un sueño vuelto realidad vale la pena su pago. Lo que no vale la pena es pasar por ser engañado con tal de lograrlo.

—Al menos él lo ha conseguido —suspiró Irmid— y se levantó para ir por su flauta.

—Es extraño que alguien pueda conceder deseos a otros y no pueda concederse los propios —reflexionó la mujer.— Pero así es la magia.

—Tía querida, tú sabes que yo no tengo magia verdadera —comentó con dulzura Irmid mientras limpiaba la flauta con una tela de algodón.

Cipriano estuvo a punto de confirmar este comentario al recordar que en ninguna parte había leído o escuchado la invocación para volar dicha por Irmid, pero guardó silencio.

—Muchacho –dijo Isharad clavando en él sus ojos color del tiempo y sorprendiendo al joven al adivinar sus pensamientos.— No son las invocaciones lo que hace la magia, ni los conjuros, es la fuerza que corre por tu cuerpo cuando lo haces y que llega a ti de la tierra, del cielo y de los astros. Incluso de las criaturas vivas.

Luego, cambiando súbitamente de tema se dirigió a los jóvenes: —Es hora de que estos dos nos digan la verdad y que ellos mismos la descubran. Para eso tendrán que acompañarme al lugar donde habito.

—Conoceremos tu aldea —dijo Marcos entusiasmado.

—Yo no vivo en una aldea. Fui ahí para que los siervos de Uram me encontraran. Yo vivo en las montañas.

Los jóvenes y el mago comprendieron que no se trataba de una invitación, sino de una disposición. Esa noche iniciaron los preparativos para acompañar a la vieja Isharad a su hogar en las montañas del sureste. El viaje tomaría varios días, ya que la anciana hechicera necesitaría descansar con frecuencia.

Aún no asomaba el sol tras la línea azul del horizonte, cuando comenzaron el camino, con seis camellos, cuatro para trasladarlos y dos con todas las cosas necesarias.

Cruzaron la llanura que se extendía bajo el cielo luminoso, cubierta de hierba parda y verdinegra y de guijarros resplandecientes. Bordearon el desierto de sal que parecía un ojo gigante, ciego bajo la luz encendida del mediodía y se tornaba rojo con el crepúsculo. Finalmente llegaron a un bosquecillo de enebros que fue volviéndose cada vez más espeso, hasta cubrir las faldas de las montañas. Avanzaron adentrándose en la espesura y dieron de frente con una escarpada pared rocosa, completamente vertical. Los jóvenes hicieron girar sus camellos hacia la derecha, pero Isharad e Irmid les indicaron que siguieran de frente.

—¡Pero si continuamos, vamos a golpearnos contra esa pared de roca! —dijo alarmado Marcos.

—Hijo, nada es lo que parece a simple vista —respondió la vieja, haciendo que su cabalgadura descendiera para que ella pudiera bajar.— Hasta aquí llega tu camino, Irmid. Prepara el campamento y espera a estos jovencitos. Ustedes tomen las provisiones que puedan llevar y acompáñenme.

A continuación, desapareció frente a sus ojos y por más que le gritaban los jóvenes solo podían escuchar sus carcajadas. Realmente Isharad se estaba divirtiendo a sus costillas y cuando pareció que la desesperación iba a apoderarse de ellos, les dijo con voz suave: —Busquen la entrada en la misma roca, miren con cuidado—.

Efectivamente había una hendidura que permitía el paso de una persona a la vez, pero que a simple vista no podría encontrarla quien no supiera que estaba ahí.

—¿Quién hizo esta hendidura en la roca?

—Aquel que todo lo hace, el luminoso Ahura Mazda, por eso está aquí desde tiempos inmemoriales —dijo Isharad con solemnidad y respeto.

Al pasar el umbral, los jóvenes se quedaron boquiabiertos. Frente a ellos se mostraba un vallecillo pleno de verdor y frescura. Una vereda descendía al fondo de una cañada. Se detuvieron a comer pasta de garbanzos bien sazonada, queso de leche de oveja y un pan de higos, y luego continuaron el descenso, parando con frecuencia para que la mujer descansara. El sol enrojecía las cumbres cuando finalmente llegaron a las orillas de un arroyo y decidieron pasar la noche ahí. El rumor del agua los adormeció y pronto estuvieron soñando con su hogar, como les sucedía con frecuencia. En tanto la anciana velaba y oraba, bajo una hermosa luna creciente, amarilla y curva.

El canto de muchas aves los despertó y una brisa casi fría despeinaba sus cabellos y acariciaba sus rostros. Nunca habían estado en un lugar así. Las paredes de la cañada se elevaban ante sus ojos cubiertas de hierbas de todos los tonos verdes posibles. El arroyo corría reflejando este verdor que se volvía luminoso a la luz del sol que se colaba entre el follaje. Se bañaron en las aguas frías y murmurantes, y continuaron por la vereda hasta divisar a los lejos un templo sencillo, que ostentaba en el dintel un bello símbolo formado por un disco con dos enormes alas a ambos lados.

—Este es el símbolo de Ahura Mazda, que tantas veces han visto en los edificios de Ctesifonte, pero aquí tiene mayor fuerza, pues estamos muy cerca de donde la gran verdad de la luz le fue revelada a Zoroastro.

—¿En dónde sucedió eso, Isharad?

—En cualquier lugar donde la naturaleza sea tan esplendorosa como aquí y en donde el espíritu del hombre pueda guardar silencio para escucharla.

Al traspasar la puerta se erguía ante ellos un edificio hermoso, labrado en la roca y pulido de tal modo que reflejaba la luz del día. Dentro, sobre un altar, ardía el fuego sagrado, que es eterno y que nunca deja de iluminar a los seres humanos, purificando a su vista los ojos, el habla, el corazón y el pensamiento. El silencio y la quietud los envolvían, y una sensación de serenidad se apoderó de sus mentes y sus cuerpos.

Isharad se adelantó hacia el altar, extrayendo de su bolsa agua, aceite y algunos higos y peras que fue colocando en las vasijas que rodeaban el reservorio sagrado. Luego se arrodilló frente al altar con la dificultad que implicaba esto para su edad y muy humildemente, casi en un susurro, murmuró su plegaria:

Alabo e invoco al creador Ormuzd, el radiante, glorioso, omnisciente, creador, señor de señores, rey de todos los reyes, vigilante, creador del universo, dador de pan de cada día, potente, fuerte, eterno, perdonador, misericordioso, amoroso, poderoso, sabio y santo. Que su justo reino sea imperecedero. Que la majestad y la gloria de Ormuzd, el señor benéfico, aumentará. Puede venir el inmortal, radiante, veloz. De todos los pecados me arrepiento y me postro ante su grandeza.

Hizo acercarse a Cipriano y Marcos que sentían una emoción tal, que parecía oprimirles el pecho y les invitó a beber en un cuenco un líquido color verde y oro que vertió de un recipiente adornado con soles, aves y hojas.

—Tú primero –indicó a Marcos.— Ese es el Haoma, la esencia de la revelación. Te guiará para que tengas conocimiento de lo que hay dentro de ti, y así puedas saber y comprender mejor lo que hay fuera de tu ser.

Sin el más mínimo asomo de temor o duda, Marcos bebió el cuenco y fue cayendo en un sopor extraño, sintiendo un hormigueo en sus miembros y luego en su cabeza, que le impedían moverse. Poco a poco se quedó profundamente dormido.

Sin saber cómo, se vio en una aldea de casas de puertas estrechas. Había alrededor mucha gente, asnos y cabras. La multitud corría en dirección a un lago, cuyas aguas parecían romper en miles y miles de chispas la luz del sol. Había muchas personas enfermas y pobremente vestidas. A orillas del lago, estaba un hombre alto y delgado. El viento hacía ondular su cabello oscuro y su humilde túnica blanca tejida de una sola pieza. Marcos se movió entre la multitud y se acercó al hombre, que hablaba en una lengua que el muchacho no recordaba haber escuchado; fue entonces que los ojos profundos de aquel Santo se fijaron en él. Aquella mirada era tan plena y luminosa que las rodillas del muchacho se doblaron y sintió un golpe en el pecho. Cayó vencido e inundado por una emoción que no podía identificar. Empezó a llorar con tal fuerza que, al despertar de su sueño, aún lloraba.

—Dime, muchacho, ¿quién eres y qué fue lo que viste?

—Soy Marcos. Nací en Éfeso y soy cristiano. Lo que vi fue a Jesús y él me vio a mí. Fue un sueño incomparable, señora Isharad. Un hermoso sueño.

—No es un sueño. Esta hierba te permite, por virtud de quién todo lo sabe, viajar al pasado si te atreves a beberla sin temor ni dudas. El Maestro que es tu guía te ha mirado y te ha revelado el inicio de tu camino. Ahora de ti depende que cumplas la voluntad que en su tiempo les fue manifestada a los cristianos por Jesús. La verdad del amor, la caridad y la fe.

—Es tu turno, muchacho –animó a Cipriano—, quien bebió pausadamente su cuenco.

El muchacho cayó en un suave sopor y se vio sobre un acantilado, rodeado por un mar profundo, sin olas. Este mar se perdía hacia el infinito. Una flama surgió de esta eternidad mientras escuchaba el palpitar de un corazón que debía ser inconmensurable. Flotando sobre las aguas había una flor de muchos pétalos de cristal como el cuarzo y su centro era una esfera azul.

Cuando narró a la anciana su sueño, la vieja se puso de pie con los ojos muy abiertos:

—¡Dime cuál es tu nombre, tu verdadero nombre y el de tu padre! —increpó al joven.

Entre sorprendido y asustado, el joven respondió: —Mi nombre es Cipriano y mi padre es Mitradis.

—Tu padre fue hijo y nieto de hechiceros persas que se marcharon con los cien mil prisioneros que los romanos se llevaron de Ctesifonte hace muchos años. Ya decía yo que era necesario que vinieran conmigo. La flama de tu sueño es la fuerza primigenia que palpita en el universo, pero que es contenida por el amoroso corazón de la Gran Madre. Ella estuvo antes de todos los hombres y antes de todos los dioses, y se te ha manifestado para tu ventura o tu desgracia. Eso dependerá de ti.

Del hatillo que Cipriano siempre llevaba colgado a su cintura surgió un rayo de luz. Parecía que la antigua figura de la mujer embarazada, que le confiara su padre, despidiera una luminosidad similar a una gema ambarina que reflejara el sol. Isharad con la poca fuerza que le quedaba, se postró en tierra y exclamó.

— ¡En verdad eres centinela de la Antigua Madre! Tu destino es ser su portador hasta el día en que ella salve al mundo de la terrible amenaza y luego deberás velar para que su culto no desaparezca. Ahora es tiempo de que regresen con Irmid.

El camino de retorno fue mucho más fácil y placentero. Los dos jóvenes ya no eran los mismos que cuando llegaron a Ctesifonte asustados y cansados. La revelación en sueños bajo los efectos del Haoma había vuelto más fuertes y reflexivos sus corazones. Algo había sucedido en sus espíritus en ese templo de Ormuz. Algo que no podían precisar los había transformado para siempre.

De regreso a la ciudad, los jóvenes narraron a Irmid todo lo sucedido, incluyendo quiénes eran ellos realmente. El hombre comprendió las razones por las que no habían sido sinceros con él y se admiró de ser el anfitrión de un seguidor del Maestro y de un guardián de la Antigua Madre.

IX

Entre cabras
y estrellas

I rmid y sus afanosos asistentes trabajaban arduamente una mañana preparando jabones perfumados cuando alguien llamó a la puerta del mago, gritando su nombre como era entonces costumbre.

El comerciante salió a atender al visitante y regresó pálido como la cera de las velas y al borde del pánico. Cuando los muchachos le preguntaron sobre el motivo de tan súbita preocupación, el regordete brujo solo acertó a decir que el Gran Sapor se había enterado del vuelo del comerciante de caballos y ahora él mismo quería vivir tan fabulosa experiencia.

Una cosa era hacer volar a un sujeto cualquiera, por rico que fuese, y otra muy distinta era seguir el procedimiento, incluyendo el brebaje, la polea y el puntapié, con el todo poderoso emperador de toda Persia.

—Hay algo más, señor Irmid —dijo Cipriano con profunda preocupación—no se trata de una petición o una invitación. Esta es una orden del Poderoso Sapor, protegido de Ormuzd, loado sea. Por un lado, si nos negamos a obedecer nos torturará hasta que confesemos que todo es un engaño. Por otra parte, ni qué pensar de hacerle volar, pues si nos descubre, nos iría tan mal que terminaríamos suplicando la muerte. Sin embargo, lo peor sería si lográramos engañarlo, porque entonces seríamos perseguidos por herejes, pues nada tiene que ver la hechicería que usted practica con el culto a Ahura Mazda, adorado por el Gran Sapor y toda esta poderosa nación.

—Es verdad todo lo que dices –dijo Irmid dejándose caer abatido en su banco de madera.— Solo tenemos una salida, escaparemos de aquí cuanto antes. Pedí a esos hombres que volvieran por la tarde...

—Pues me temo que no atendieron su petición, señor, - susurró Marcos, asomando un ojo por un hueco de la pared que permitía ver hacia el exterior.— Allí están varios de ellos.

El mago y sus asistentes empacaron todo el dinero que poseían. Cipriano ocultó entre sus ropas la estatuilla sagrada y tan rápido como pudieron hicieron un hueco en el techo, por el que escaparon deslizándose como gatos sobre las demás arcillosas azoteas, auxiliando constantemente al lento y angustiado Irmid. Llegaron por fin a un oscuro y mísero callejón por el que huyeron hasta las murallas de la ciudad. Poco después estaban fuera de Ctesifonte.

La poca ventaja que podían tener sobre sus seguidores era el tiempo en que estos descubrieran su huida, por lo tanto, ya fuera de las murallas de la ciudad, iniciaron una frenética carrera hacia los montes próximos.

Una vez ocultos entre las rocas y los abrojos, Irmid les propuso separarse: —Ellos me buscan a mí —les dijo—, así ustedes tendrán mayor oportunidad de escapar.

Cuando Cipriano intentó convencerlo de que los tres juntos eran más fuertes, Marcos insistió en que Irmid tenía razón. El mago los abrazó y se despidió de ellos con profunda tristeza y sincero cariño. En un futuro mejor tratarían de reencontrarse.

Mientras los jóvenes miraban alejarse al querido amigo hacia donde nace el sol, Cipriano interrogó a Marcos: ¿por qué aceptaste que nos separáramos?

Amigo mío -dijo Marcos con seriedad y mirando a la distancia.— Vi a los hombres que llegaron a buscar supuestamente a Irmid, vestían las capas negras de los que asaltaron tu casa en Antioquía... El deseo del gran Sapor era solamente un pretexto para localizarte... Irmid no sabe que al tratar de salvar nuestra vida alejándose de nosotros, realmente está salvando la de él.

Caminaron por largo rato en silencio. No sabían a dónde dirigirse o qué hacer. Así llegaron a un campamento de pastores. Afortunadamente estos hablaban parsi y el aspecto de los jóvenes, fatigados, tristes y cubiertos de polvo realmente provocaba compasión. Los invitaron a acercarse al fuego y les sirvieron espumosa leche en cuencos rojizos y algunos dátiles.

Los balidos de las cabras se fueron extinguiendo y los hombres del clan se quedaron alrededor de las llamas junto con los jóvenes. Querían saber más de ellos y que les narraran de dónde venían, pues las novedades de otros lugares y sobre todo las historias de los viajeros eran muy apreciadas entre esas buenas y hospitalarias personas.

Cipriano se dio cuenta de ello y narró gran parte de sus aventuras, omitiendo lo que pudiese resultar comprometedor, como si otros viajantes se los hubieran contado y de ellos dijo que eran los hijos de una pobre viuda de Ctesifonte que recorrían esos lugares buscando la manera de ayudar a su madre.

No era en lo absoluto partidario de mentir a sus generosos anfitriones, pero debían ser muy cautos mientras decidían lo que era mejor hacer con sus destinos.

Las historias de Cipriano fueron tan del agrado de los pastores, que los invitaron a quedarse, si lo deseaban, ya que eran jóvenes y parecían fuertes y podrían ayudar a cuidar los animales mientras el clan se desplazaba.

Algunos días habían transcurrido, cuando fueron presentados con Sarmed, el patriarca del clan. Era un hombre alto, de sonrisa gentil y mirada afable. Su avanzada edad y una pierna enferma no le impedían participar en las tareas que el cuidado del ganado requería, y a la vez impartía justicia, resolviendo las diferencias y escasos conflictos que surgían entre los pastores.

Sarmed estaba sentando ante su tienda, envuelto en su manto de lana y masticando lentamente su pan. —Así que vienen desde Ctesifonte y que son hijos de una pobre viuda —dijo con una sonrisa entre irónica y divertida.

—Sí, señor, así es —contestaron los jóvenes intimidados y sin mirar al anciano a los ojos.

—Creo que están ahora muy lejos de su ciudad... Lo suficiente para estar a salvo. Y además creo que ser pastores en las montañas no va a ayudar mucho a una madre viuda, que además se ha quedado sola.

Los muchachos no sabían qué responder, así que Cipriano optó por decir la verdad, pero esto no fue necesario, ya que Sarmed se limitó a comentar:

—Espero que sean tan buenos pastores como contadores de historias. —Añadiendo luego con seriedad.— Y espero que también sepan agradecer la hospitalidad que se les ha brindado.

Marcos y su amigo se retiraron en silencio, comprendiendo que, por lo pronto, este era el mejor lugar donde podían estar.

Aquella mañana, el sol hacía resplandecer las áridas cumbres de las montañas. Sarmed envió a uno de sus hombres a solicitar que los jóvenes se adelantaran con una buena cantidad de cabras, montaña abajo para iniciar el pastoreo en las llanuras, ahora un poco más verdes. Ambos obedecieron y caminaron todo un día, deteniéndose solamente para comer. Al caer la tarde, las cabras ya se estaban deleitando con la hierba que crece durante la primavera en las rocas.

Los muchachos se preparaban para pasar la noche y se felicitaban porque el patriarca hubiera confiado en ellos, como para poner a su cuidado esos animales exclusivamente. De pronto los gritos de varios hombres que los rodeaban los sorprendieron. Agresivos sujetos se lanzaron contra ellos y sus animales, blandiendo enormes bastones de madera.

El ataque fue tan sorpresivo que no pudieron hacer nada. Los bandidos gritaban abriendo mucho los ojos y atrapando las cabras de los pobres muchachos, en tanto a ellos los sujetaban y los amenazaban con convertirlos en sus mujeres y luego asesinarlos.

Cipriano recuperó la calma y se preparó para defenderse y proteger al asustado Marcos. Murmuraba ya un sortilegio, cuando de la oscuridad de la noche aparecieron muchos hombres y rodearon a los bandidos con antorchas y cuchillos resplandecientes a la luz del fuego. Los jóvenes pudieron reconocer a sus compañeros del clan. Una vez sometidos, los ladrones de cabras delataron a su jefe. Apareció de las sombras el viejo Sarmed, erguido cuan alto era y tomando su cuchillo de media luna, degolló a cada ladrón limpiamente, como si se tratara de corderos.

Ante la sorpresa de los dos jóvenes, sonrió amablemente y dijo:

—No podíamos perder a tan buenas cabras ni a tan excelentes señuelos. Cipriano entendió que a pesar de sus amplios conocimientos, aún le faltaba mucho que aprender.

A través de las llanuras, el clan de pastores condujo sus animales avanzando siempre hacia donde se ponía el sol. Por las noches, bajo el cielo cubierto de estrellas, Sarmed, que había cobrado simpatía a los dos jóvenes, les hablaba de la manera en que con ayuda de los astros se podía recorrer todo el territorio sin extraviarse. También, observando la luna, era posible saber si soplaría el viento o haría demasiado calor.

Al cambiar su ruta hacia el norte, se internaron en el valle de un río de poco cause y decidieron acampar. Al amanecer, Sirad, una joven viuda que debía cuidar de sus cabras, despertó a todos alarmada, pues le faltaba uno de sus animales. A pesar de lo mucho que imploró por ayuda, nadie le prestó atención.

—Señor –dijo Marcos a Sarmed, conmovido por la desesperación de la pobre pastora— ¿no vamos a ayudar a Sirad?

—No, muchacho. Solo es una mujer que ha perdido una cabra.

El joven guardó silencio y ya a solas con Cipriano se lamentó de la indiferencia de los pastores ante la angustia de la viuda.

—Jesús enseñó que debemos ayudar a los que lo necesitan, más aún si se trata de viudas o huérfanos —omitió decir que Sirad, además tenía hermosos ojos y una esbelta figura.

—He escuchado que su marido no murió. Abandonó el clan y nunca más se supo de él. Tal vez por eso nadie quiere ayudarla

—continuó conmovido el noble Marcos.

Cipriano se sintió enternecido por la preocupación de su amigo, pero también comprendía que no sería bien visto por los miembros del clan que la auxiliaran de manera abierta. Por lo tanto, propuso a Marcos cuidar esa noche ellos mismos los animales de la joven viuda, de manera sigilosa y anónima. Descansaron y cenaron bien, y fingieron ir a dormir, pues otros pastores deberían estar vigilantes esa noche.

La luna en cuarto menguante iluminaba débilmente las rocas y los arbustos. Los muchachos se deslizaron boca abajo, pegados a la tierra hasta el reducido grupo de cabras que en ese momento cuidaba la pobre mujer, que debía velar, dejando a sus dos pequeños hijos dormidos en su tienda. Los jóvenes se ubicaron detrás de ella, tan silenciosamente, que no se percató de su presencia.

Transcurrió el tiempo y estaban ambos a punto de ir a dormir, cuando escucharon el balido lastimero de una cabra, luego los gritos de la mujer y finalmente un rugido horrendo. Al mismo tiempo vieron una enorme sombra abalanzarse sobre Sirad que solo alcanzó a cubrirse la cara con los brazos.

Cipriano saltó sobre el enorme animal golpeando con su cuerpo la cara de este y librando a la aterrada mujer, a quien Marcos asió con fuerza alejándola del salvaje atacante.

Se trataba de un leopardo, de los que merodeaban por esa región. Cipriano tenía bien clara su desventaja física y aguardó el salto mortal de la bestia que lo miraba de frente.

El muchacho sintió la tierra firme bajo sus pies. Miró fijamente los ojos del felino y un calor intenso recorrió su cuerpo. Podía ver hasta el centro de los ojos color de ámbar del animal. Sus oídos empezaron a percibir hasta el más lejano sonido. Su corazón palpitaba de tal modo que sus latidos se sentían en las sienes, pero no era miedo lo que experimentaba. Era una sensación de fuerza absoluta, de poder total sobre lo que le rodeaba, incluyendo al temible animal, que súbitamente dio media vuelta en un solo salto y emprendió la huida a gran velocidad. Recordó las palabras de su madre: —Vuélvete uno con los elementos y las criaturas vivas y cederán a tu voluntad.

El aterrador rugido del leopardo cuando intentó atacar a Sirad había despertado a varios pastores que llegaron empuñando sus cuchillos y lanzas, pero ya todo había pasado. La asustada mujer no atinó a decir palabra y los jóvenes actuaron rápida y acertadamente, fingiendo haber llegado un poco antes que los demás.

Días después, Sarmed llamó a Cipriano y Marcos, pues Sirad finalmente narró lo que había sucedido.

—La viuda dice que asustaste al demonio de estos valles solamente con mirarlo.

—Ella debe estar equivocada, señor —dijo Cipriano con respeto—.

—Tal vez. Lo cierto es que te debo la vida de la cabra que se hubiera llevado.

—También la de esa pobre mujer —dijo Marcos—. Sarmed ignoró el comentario y continuó.

—Me gustaría darte algo a cambio.

—Dame las cabras de Sirad.

—¿No te parece demasiado?

—¿Cuántas habrías perdido noche tras noche, antes de saber quién era el ladrón? Además, salvamos su vida.

—Tienes razón.

Llamó a Sirad y le ordenó entregar sus cabras a los muchachos. Aunque un poco contrariada, ella obedeció.

A partir de entonces, los jóvenes cuidaban de la viuda, sus hijos y sus animales. Ambos salían para llevarlas a pastar. Por las noches Cipriano se alejaba con los animales, aprendiendo mucho sobre la noche y las estrellas; en tanto Marcos, entraba a hurtadillas en la tienda de Sirad y aprendía sobre las cosas de los hombres y las mujeres.

Muchos días pasaron y los jóvenes se sentían cada vez más seguros y cómodos entre los pastores. El reducido rebaño de Sirad, ahora al cuidado de los jóvenes, había aumentado considerablemente y las conversaciones entre Sarmed y Cipriano se volvían más prolongadas y profundas.

Cierta noche en que los varones del clan hablaban alrededor de las fogatas y las mujeres preparaban el último alimento del día, escucharon lo que parecía una gran cantidad de animales. El vigía del lado norte del campamento llegó corriendo a avisar que eran muchos jinetes. Al acercarse estos, vieron todos que se trataba de caballos ricamente enjaezados, montados por jinetes armados.

—¿Quién es el patriarca de este clan? —gritó el que parecía el jefe.

—Estás hablando con él —respondió Sarmed en tono sombrío.

—Si quieres salvar a los tuyos, entréganos a tus animales y a tus mujeres.

—No entregaré a las mujeres de mi clan a vendedores de gente— respondió el viejo Sarmed, desenvainando su cuchillo.

Los cazadores de esclavos se lanzaron sobre el campamento, derribando las tiendas, atacando a los pastores y atrapando a sus mujeres. Marcos intentó proteger a Sirad, pero fue golpeado. Cipriano cerró los ojos e inició la invocación para pedir protección a la Gran Madre. Ante sí vio el fuego que se elevaba en el centro del campamento en una columna cada vez más alta—Comprendió que había sido escuchado. Tomó una caña fuerte y puntiaguda y la lanzó al aire. La caña voló a través del campamento a gran velocidad hasta alcanzar al jefe de los vendedores de esclavos con tal fuerza, que le cortó la cabeza—.

Cipriano llegó hasta el cuerpo decapitado, levantó la cabeza de la que aún brotaba abundante y tibia sangre. Con ella hizo signos sobre la pálida frente, murmuró un conjuro y de la boca del muerto brotó un horrible grito que paralizó a todos. Luego, la cabeza cercenada abrió desmesuradamente los ojos y ordenó a sus hombres abandonar el campamento, o de lo contrario serían alcanzados por una terrible maldición.

Estos contemplaron con horror a Cipriano levantando la ensangrentada cabeza parlante de su jefe y huyeron despavoridos.

Cuando se marcharon, los pastores empezaron a levantar

a sus heridos para curarlos y sus muertos para sepultarlos. Sus mujeres estaban a salvo y también sus animales. Sin embargo, miraban a Cipriano con gran temor y se alejaban de él. Todos menos Sarmed que yacía herido, recostado sobre el suelo.

—Nos has salvado, te debo la vida de los hombres y la libertad de sus mujeres, pero ahora, ellos te temen. No comprenden el poder que te protege y tienes que marcharte. Llévame a lo que queda de mi tienda.

—Señor —dijo el joven con pesar—, fue solo un truco. Aprendí con mi padre a hacer que mi voz pareciera salir de otra persona u objeto.

—Muy ingenioso, hijo mío. Pero mi gente nunca lo comprenderá.

Cipriano con ayuda del buen Marcos llevó cuidadosamente al anciano hasta su tienda donde él les entregó el hatillo con monedas que los jóvenes le habían confiado al unirse al clan.

—Pero... ¿a dónde debo ir ahora? —preguntó el joven con la voz temblorosa sabiendo que su buen amigo agonizaba.

—Ella te lo dirá— dijo el viejo, señalando la estatuilla que oculta en la bolsa de piel colgaba de la cintura del muchacho.

La calma se restablecía poco a poco y los pastores tuvieron tiempo de acercarse a la tienda del moribundo patriarca, pero la presencia de Cipriano les infundía miedo.

Finalmente, el valiente anciano expiró, nombrando como

sucesor al mayor de sus hijos. Los dos muchachos, con pesar comprendieron que el momento de partir había llegado. El nuevo patriarca, luego de sepultar a su padre, les habló de una ciudad que se encontraba al noroeste, tan hermosa que su fama llegaba hasta los confines de la tierra y salió a despedirlos con notable alivio. No así la pobre Sirad, que los miró alejarse desconsolada.

X

Una ciudad bulliciosa

L argos días transcurrieron antes de que llegaran a la ciudad de Al Hira. Desde las colinas de los alrededores y con la luz de la mañana, era posible contemplarla en toda su belleza. Al centro, un amplio espacio a manera de plaza se abría entre edificaciones de ladrillo, enjarradas cuidadosamente y con graciosos remates en lo alto de sus muros. A un lado se levantaba un templo de planta cuadrada y pórtico de columnas. Estaba rodeado por un fresco bosquecillo que también abrigaba una amplia fuente, alrededor de cuyos bordes se arremolinaban riendo y conversando, una gran cantidad de mujeres portando ánforas.

Cruzando la plaza, se ubicaba un palacete con escalinatas, columnas lisas y con largas ventanas estrechas. Del edificio entraban y salían hombres de diferentes edades, varios de ellos armados. Las calles desembocaban en la plaza y estaban bordeadas por casas con portalitos frescos y sombreadas por palmeras. Había algunas fuentes más, cercanas a templos repartidos por la ciudad, llenas de gente realizando diversos quehaceres; pero no había lugar más poblado en ese momento que el mercado. Justo cruzando la plaza y al frente del templo, se colocaban los comerciantes. Como la ciudad se situaba sobre la orilla derecha del Éufrates, pescados frescos, legumbres, quesos de cabra y la lana de las ovejas eran abundantes y estaban a disposición de compradores del desierto, al igual que cuchillos, sogas, mantas, collares y pulseras.

Precisamente eran este tipo de objetos los que Cipriano y Marcos adquirieron, pues habían decidido regresar a su hogar, con la esperanza de que los años transcurridos los pusieran a salvo de los jinetes de las capas negras. Después de todo, no se les había revelado el destino al que debían llevar la efigie en todo el tiempo que habían peregrinado y, tal vez, nunca se les revelaría.

115

Una vez que establecieron contacto con el jefe del mercado y pagaron la cuota correspondiente, instalaron su tienda e iniciaron la venta. No había transcurrido mucho tiempo, cuando se acercó a ellos una joven esbelta, de ojos oscuros y cabello muy negro a ofrecerles agua. Bebieron y agradecidos obsequiaron a la muchacha una canastilla de dátiles. Mientras se alejaba, Marcos no podía apartar la vista de su agradable silueta. Fue para volverla a ver que pidió a su amigo permanecer el mayor tiempo posible en la populosa Al Hira.

Gracias al carácter gentil de los jóvenes y a su agradable aspecto, muy pronto se hicieron de una buena clientela y de amigos entre los demás mercaderes. Ayira, la joven que el día de su llegada les había ofrecido agua, iba a su tienda con frecuencia y poco a poco surgió una estrecha relación entre ella y los muchachos, especialmente con Marcos. Era cristiana, como casi todos los habitantes de la ciudad, y esto la hacía aún más atractiva para él.

Una tarde, los padres de la muchacha invitaron a Marcos a su casa, acompañado por Cipriano. Se trataba de una familia de buena posición. El padre era funcionario en el palacio y la madre descendía de una antigua familia de joyeros. Los invitados vistieron sus túnicas finas de algodón de Egipto y se cubrieron con mantos de lana ligera de ovejas de Persia. Prepararon, además, una canastilla de obsequios consistentes en cuchillos bellamente trabajados, broches adornados con conchas, higos y quesillos.

—¿Qué pensarán de nosotros? —Preguntó inquieto Marcos— Mejor dicho, ¿qué queremos que piensen de nosotros?

—No debes preocuparte por eso, amigo. Para empezar, profesas la misma creencia que ellos. Según tengo entendido, entre los cristianos no se debe mentir, así que creo que debes contarles tu historia.

—¿Mi historia? —preguntó intrigado Marcos.

—Sí. Háblales de ti, tu mamá y tu hermana Irene. Cuenta nuestra infancia en el mar y nuestras aventuras en el desierto, Irmid, su tía, y los pastores de Sarmed. Pero, sobre todo, haz que sepan que eres leal, valiente y de noble corazón.

La casa de la familia de Ayira era fresca, pues estaba rodeada de un pequeño y agradable jardín. Las paredes estucadas hacían lucir más claro el interior. Varias esteras de colores junto a mesas bajas invitaban a sentarse y disfrutar de una comida agradable. El pan estaba delicioso, así como los trozos de carne sazonados con hierbas.

Los asistentes encontraron muy interesante el relato de las aventuras vividas por los jóvenes comerciantes y al finalizar la tarde, al retirarse, ya eran vistos como amigos de la casa, por lo que la relación de Ayira y Marcos se convirtió pronto en compromiso.

—Dime, amigo, —preguntaba Cipriano mientras disponían sus mercancías para la venta de ese día.— ¿No eran tus planes regresar a nuestra tierra lo antes posible? Ya llevamos aquí muchos meses y tu amor por Ayira podría cambiar el rumbo de tu vida.

—Cipriano, yo deseo que volvamos a nuestros hogares, ver a mi madre y a mi hermana, pero no quiero perder a la mujer que amo—. El mayor de aquellos grandes amigos puso la mano sobre el hombro de Marcos y lo apretó cariñosamente.

Marcos y Ayira pasarían el resto de sus vidas juntos. Cipriano, como un verdadero hermano mayor, habló con los padres de la joven y concertó los términos de la boda. La dote de la novia consistía en cabras, camellos y un caballo, además de telas finas e incienso. Por su parte, Cipriano repartió por partes iguales la fortuna de ambos. Marcos preguntó a su amigo, si no pensaba permanecer junto a ellos para que los tres regresaran a la casa a orillas del mar en Antioquía en un futuro.

Pero Cipriano sabía de cierto que, una vez iniciada la vida de Marcos con su nueva familia, el retorno tomaría más tiempo del que su joven compañero de aventuras imaginaba. Nunca se les había ocurrido que sus caminos podrían apartarse, por ello esta separación significaba para los dos, no la pérdida de un buen amigo, sino la de un hermano.

La mañana de la ceremonia nupcial, las calles aledañas a la casa de la novia habían sido regadas y cubiertas con hojas de palma. La casa abría sus puertas a los invitados que eran muy numerosos. Sobre las mesas del patio se veían abundantes platillos con animales asados humeantes, panes dorados, jarras con agua fresca y vino especiado, dulces y algunas flores rojas y amarillas.

De acuerdo con el rito cristiano, los novios recibieron la bendición que los unía ante Dios y ante los hombres. Aunque la ceremonia fuera solemne, como era del gusto de los cristianos nestorianos, la fiesta tuvo la algarabía de los hijos del desierto, y además del generoso banquete, hubo música y bellos poemas o casidas declamadas por su autor, uno de los más conocidos poetas de la ciudad.

Las fogatas se encendieron y la alegría continuó por muchas horas. Para los amigos era el momento de separase.

Cada uno prometió al otro que, de llegar primero a Antioquía, irían a esperarse a las ruinas de la antigua casa, a la orilla del mar. En esto estaban cuando los gritos de terror de los invitados los sorprendieron. La gente escapaba del patio volcando las mesas y huyendo de una horda de jinetes que invadieron el patio, golpeando con sus látigos a los presentes.

—¡Ladrones, ladrones! —gritaba el padre de Ayira mientras él y sus hombres se armaban con gruesas espadas de doble filo.

Con horror Marcos vio que los jinetes se cubrían la cabeza, el rostro y el cuerpo con las capas negras de aquellos asesinos a quienes tanto temían.

—¡Escucha bien, Marcos! Es a mí a quien buscan. Saldré de modo que puedan verme y tú huye con tu esposa.

—¡No, hermano! No puedo hacer eso.

Cipriano lo abrazó, lo empujó al lado de Ayira y huyó. No bien había escapado de la casa, cuando los jinetes la abandonaron para salir en su persecución. Sin detenerse y teniendo la noche como aliada, el joven llegó al bosquecillo del templo y se sumergió en las frías aguas de la fuente. Había tomado todo el aire que le fue posible e instintivamente abrazó la estatuilla de la Gran Madre, de la que nunca se separaba. Sentía que sus pulmones iban a estallar, al mismo tiempo que escuchaba a los jinetes que lo buscaban. Afortunadamente se marcharon y él pudo salir del agua cuando creía que estaba a punto de ahogarse. Permaneció oculto en el bosque sagrado hasta el nuevo día.

—El fugitivo comprendió que debía salir de Al Hira cuanto antes. Aún no estaba a salvo y, por lo tanto, su retorno a Antioquía debería esperar. También le quedó claro que esos jinetes estaban protegidos por algún poder siniestro que le impedía atacarlos, como lo había hecho su padre aquella terrible noche.

Sigilosamente, envuelto en ropas de mendigo y con la cara cubierta a modo de parecer un leproso, Cipriano abandonaba la ciudad y dejaba atrás a su querido y leal hermano a quien decidió no ver más para mantenerlo a salvo.

XI

Un paraíso
más allá
del desierto

Cipriano se unió a una caravana haciéndose pasar por un pobre caminante que ofrecía su trabajo a cambio de que le permitiesen viajar. Laboraba sin descanso, cocinaba bien, los camellos le obedecían y comía poco. Era por tanto muy bien visto entre sus compañeros con quienes empezó a practicar el arte de curar, cuyo aprendizaje había iniciado junto a su padre.

La caravana avanzó hacia el suroeste. Se dirigían a la próspera Saba en la que cambiarían sus camellos y artículos de plata por incienso.

Uno de los beduinos, el vigoroso U-lah, había cobrado afecto a Cipriano, gracias a que lo libró de una malvada muela que volvió sus días miserables. De aspecto terrible y carente de un ojo, era, sin embargo, persona amable y agradecida. Gustaba de enseñar al joven su idioma y compartía con él sus alimentos. Este le escuchaba y acompañaba en ese canto monótono que entonaba al compás del andar de su camello, un animalito de ojos taciturnos y temperamento afable.

Llegaron así a un terreno en que las dunas daban paso a formaciones rocosas que, a manera de fortalezas silentes, dominaban el paisaje.

—Mira, Cibrán, aquí empieza la parte del recorrido que no me gusta.

El aludido ya se había acostumbrado a beber poco, permanecer mucho tiempo en silencio y a su nombre adaptado a la lengua de los hombres de las dunas.

—A partir de aquí empiezan los Djins a presentarse, —

123

dijo U-lah con una mezcla de respeto y temor. Cipriano guardó silencio y no comentó que él ya los conocía, cuando se revelaban en sus sueños e incluso sabía escucharlos.

Con gran reverencia y pidiendo el debido permiso a los invisibles moradores de las rocas, los beduinos buscaron un espacio abrigado y Cipriano procedió a encender una fogata y a preparar la cena.

Habían ya comido y echaban a la suerte los turnos de vigilancia, cuando empezaron a escuchar un sonido extraño, primero lejano y luego cada vez más cerca, o tal vez, más fuerte. Era muy parecido al latir de un corazón. Pausado, profundo. Sí, era definitivamente el latir de un corazón gigante e invisible que paralizaba el cuerpo y helaba la sangre. Sin embargo, Cipriano con cada latido sentía una alegría profunda e indescriptible. El latir de su propio corazón y el de esa inmensa e invisible víscera que llenaba la infinita oscuridad del desierto eran un solo ritmo lento y poderoso. Guardó silencio. Recordó su sueño en el templo que custodiaba la vieja Isharad. No deseaba saber qué era aquel misterio, solamente quería sentirlo en su interior. Llevó la estatuilla disimuladamente a la altura de su pecho y se sorprendió al percibir cómo vibraba aquella figura femenina de piedra al compás de los latidos del corazón del desierto.

—No temas, U-lah —dijo Cipriano a su aterrado compañero.— No estamos en peligro, al contrario, es un obsequio que esto nos suceda a nosotros, aquí junto a estas rocas.

U-lah lo miró con los ojos redondos y la boca abierta y se preguntó si ese Cibrán no sería algún genio disfrazado que se les había acercado para castigarlos por todas sus maldades.

Continuaron su travesía una vez más entre las dunas y una tarde en que el sol estaba a punto de abandonar el cenit, el viento arreció repentinamente. Se apresuraron a colocar sus camellos y mercancías en un círculo que cubrieron con pieles a modo de tienda gigante. Se guarecieron dentro y el jefe les ordenó no mirar pasara lo que pasara y escucharan lo que escucharan.

—Si miras cuando el viento sopla así, este te envuelve y te lleva —le advirtió U-lah a Cipriano.

Súbitamente una de las cuerdas que sujetaba la enorme cubierta se soltó y la arena entró de golpe en el refugio. Cipriano saltó al exterior y sostuvo la cuerda halándola hasta que pudo atarla de nuevo. Entonces contemplo lo más asombroso que jamás habían visto sus ojos.

El viento giraba de manera horizontal, formando un tubo enorme, como un gigantesco gusano de arena y viento, y al frente, casi en dirección a ellos, ese extraño gusano abría una boca gigante, una oquedad oscura y rugiente.

Atónito soltó la cuerda que intentaba atar y eso permitió que varios de los beduinos miraran lo que estaba ahí frente a ellos. Presas del pánico se preparaban para ser devorados por esa enorme boca de aire y arena. El joven mercader recordó una vieja historia que le contara su madre de niño y sin asomo de duda, sacó la estatuilla de entre sus ropas, la levantó sobre su cabeza con profundo respeto y se encaminó hacia el extraño fenómeno, susurrando de manera rítmica, cadenciosa, como si fuera una canción, un antiquísimo rezo en una lengua perdida en el tiempo, que ni siquiera su madre podía comprender, pero que según ella, podía calmar al viento.

Conforme Cipriano avanzaba hacia las fauces del monstruo de arena, los beduinos se aferraban a sus camellos y notaban que el viento empezaba a amainar. Finalmente, aquel amenazante fenómeno se enrolló sobre sí mismo y desapareció, al igual que el viento terrible que lo había formado. La calma regresó al campamento y tras el azoro que experimentaron los beduinos, llovieron muestras de gratitud y temor para Cipriano, de tal suerte que, además de palabras, le ofrecieron algunas mercancías que le permitirían ser uno más de ellos, listo para comerciar al llegar a su destino.

Las dunas resplandecientes dieron paso nuevamente a un suelo rocoso y duro, con lejanas montañas que se veían a la derecha de la caravana, detrás de las que, según U-lah, estaba el mar. Cipriano se encontraba cada vez más lejos de la playa que lo había visto nacer, pero más a salvo en esa recóndita nación en la que le aguardaba lo desconocido.

Al alcanzar la cima de unas colinas rocosas, pudieron ver una región fértil y hermosa. Era la tierra conocida antiguamente como Saba.

En esos tiempos aún era llamada Arabia Feliz por los griegos y los romanos. Bendecida por el viento y la humedad que procedían del mar, producía cereales, frutas y legumbres. Los ganados pastaban lozanos y los peces abundaban en los ríos que corren en época de lluvia conocidos como wadis. La gente era afable y, lo que más importaba a los beduinos, el comercio era floreciente.

Habían transcurrido solo unos días desde que la caravana y Cipriano llegaron a esta fresca y rica ciudad. Se instalaron en el mercado y descargaron sus bienes apartando las joyas que debían ser presentadas a prósperos comerciantes del lugar.

Entre estos había una rica viuda que habitaba una casa enorme en las afueras de la ciudad. De esta casa se decía que poseía el jardín más hermoso que se pudiera imaginar, mismo que daba a unas extrañas formaciones rocosas que sirvieron en un muy lejano pasado, como atalayas naturales. La viuda poseía grandes riquezas y era de edad tan avanzada, que nadie recordaba exactamente quién había sido su último marido, pues se casó muchas veces durante su larga vida.

Una vez que los beduinos visitaron a varios comerciantes de gemas, invitaron a Cipriano a acompañarlos para mostrar lo más selecto de sus productos a la vieja y misteriosa viuda.

Por la mañana el buen U-lah advirtió a su amigo que debían presentarse lo mejor ataviados posible. Incluso, le prestó una túnica oscura, muy bonita, hecha de lana que le quedaba bastante bien.

—Haremos una gran venta, te lo aseguro –decía U-lah en tanto arreglaba por enésima vez sus ropas.— Esa mujer es inmensamente rica e increíblemente vieja. Aunque en realidad no es de estos lugares. Cuentan que llegó hace muchísimo tiempo de las tierras de más allá del mar rojo, donde el sol se oculta. ¿Sabes? Dicen que allá hay un pueblo muy rico que vende hierro y marfil.

Ambos peinaron sus cabellos con ungüento perfumado y se cubrieron las cabezas con turbantes nuevos. Arreglaron sus barbas y se reunieron con el resto de sus compañeros, emprendiendo el camino a la casa de la viuda.

La entrada estaba flanqueada por altas palmeras y fornidos guardias de piel oscura, que vigilaban en silencio. No necesitaban palabras, ya que la fiereza de su mirada era suficiente como advertencia.

El jefe de la caravana y U-lah se adelantaron y, humildemente solicitaron ser recibidos. Transcurrió largo tiempo hasta que varios guardias escoltaron a los beduinos al interior.

En un enorme patio cubierto con toldos azules se habían preparado dos larguísimas mesas llenas de alimentos variados y de muy buen aspecto. Varias ánforas con agua fresca se distribuían aquí y allá, así como esteras y bancos pequeños.

Los caravaneros fueron invitados a comer hasta saciarse y luego escucharon a dos músicos y un cantor de poemas. Finalmente, tres bellas mujeres bailaron para los presentes, quienes estaban realmente encantados con ellas, cantando, riendo, aplaudiendo y festejando, excepto Cipriano, que aguardaba con gran curiosidad para conocer a una mujer que según U-lah era tan rica como un rey persa y tan vieja como las arenas del desierto.

Poco antes de ponerse el sol, apareció una hilera de esclavas que iban a encender hogueras para alumbrar a los invitados y tras de ellas, protegida por hombres bien armados, surgió una figura encorvada, de paso muy lento y cansado, cubría su envejecido cuerpo con un manto verde, ricamente bordado. Murmuró algo al oído del jefe de la caravana y uno a uno fueron llamados por turno los comerciantes. No todos traían qué ofrecer, pero todos eran invitados y bien recibidos por esa extraña y generosa anciana.

Cipriano fue llamado a mostrar su mercancía. Esto le sorprendió, pues él no comerciaba con nada que fuese tan valioso como para ser requerido:

—Agradezco su hospitalidad y su generosidad —dijo cuando estuvo ante la anciana, pero no poseo gemas o joyas de oro para venderle.

—Claro que sí posee una joya, cuyo valor supera la de cualquier otro comerciante en el mundo.

—No, en verdad. Mire usted si desea, son algunas joyas de plata, cuchillos, peines...

—No. Yo hablo de la efigie que llevas oculta entre tus ropas, de la que no te separas y que, según me contaron, tiene el poder de calmar al gran viento del desierto.

Cipriano comprendió entonces cuán astuta era esa anciana. Supo que se informaba muy bien sobre los asuntos de los caravaneros y se dio cuenta también de que por muy poderosa que fuese no podía entregar el legado de sus padres.

—No debo ser ingrato con usted, que nos ha recibido tan amablemente, pero no vendo la efigie a la que se refiere. Es tan importante para mí, que la defendería con mi vida...

—Te daré las riquezas que no puedes imaginar.

—Llevo conmigo todo lo que necesito.

—Tendrás poder sobre todas las caravanas del desierto.

—Todo el poder de los mundos no devolvería la vida a mis padres.

—Aunque te observé cuando los demás miraban a mis bailarinas con deseo y tú parecías no mirarlas, te ofrezco las mujeres más hermosas, o si lo prefieres, los varones jóvenes más atractivos que hayas imaginado.

—No desearía a ningún varón y en verdad no he deseado con vehemencia a mujer alguna.

—Entonces te concedería poder seguir viviendo a cambio de la estatuilla.

—Al escuchar esto, Cipriano apretó la efigie contra su costado y salió huyendo cuan veloz era, pero no alcanzó la cortina que lo separaba del patio. Algo aferró su túnica con una fuerza increíble y lo derribó de espaldas sobre el suelo Logró incorporarse y sacudirse a la terrible anciana, escapando al patio donde aún se divertían sus compañeros.

—Esta ha sido una gran ocasión, amigo. -le dijo sonriente y algo ebrio el buen U-lah.— La viuda nos ha comprado gran cantidad de mercancía, además de las gemas. Se ha mostrado más generosa que de costumbre.

Amanecía, cuando soñolientos y satisfechos, los beduinos empezaban a retirarse del fresco patio, mientras varios de los enormes guardianes de la viuda se colocaron frente a la puerta principal, obstruyendo su retirada.

Entonces apareció ante ellos la anciana furiosa y encaró al jefe de los caravaneros:

—¿Es así como pagan ustedes mi generosidad y mi hospitalidad, hato de trúhanes, buitres de las dunas?

Aterrado, el comerciante en jefe abrió unos ojos enormes como lunas llenas, al igual que sus hombres, sin poder responder a tan serias acusaciones.

—¡Tú, ladrón, o uno de tus hombres me ha robado una de mis mejores joyas! Me robaron mi collar de oro y gemas, y si no encuentro al culpable, haré que mis hombres les corten esas piojosas cabezas que tienen sobre sus hombros.

—Señora, se lo suplico. Créame. Nosotros no seríamos tan malvados para hacer lo que usted dice. Le ruego ordene a sus hombres que busquen entre nuestras pobres pertenencias y si encuentran la joya, hagan lo que deseen con el ladrón. Pero los demás somos inocentes.

A una señal de la mujer, los guardianes buscaron entre los fardos de mercancías y entre las ropas de los beduinos, sin importarles que las traían puestas y hurgando de tal modo que más de uno hubiera salido huyendo de no tener enfrente a otros esclavos armados con terribles alfanjes.

De pronto, uno de ellos levantó el hermoso collar y arrojo con violencia al culpable contra el suelo. Era el pobre Cipriano, que no alcanzaba a comprender en qué momento esa joya llegó a esconderse debajo de su túnica.

Ya se levantaban las afiladas espadas ante los aterrorizados ojos de los beduinos y ante la cara de satisfacción de la anciana, cuando Cipriano, saliendo de su estupor y comprendiendo de golpe la situación gritó:

—¡Espera! Mis compañeros son inocentes. Si piensas que he sido yo el ladrón, haz como dijo nuestro jefe y manda cortar mi cabeza. No la de estos hombres, pues faltarías gravemente a la ley de la hospitalidad si das muerte a quienes han confiado en ti, aceptando acogerse en tu hogar sin haberte hecho mal alguno.

—Es verdad lo que dices, ladrón de joyas, hijo de un camello. Es a ti al que debo decapitar. ¡Salgan de aquí, caravaneros! ¡Pero tú te quedarás a sufrir tu merecido castigo!

Olvidando todo lo que los mercaderes sabían sobre defender a un hermano de caravana en desgracia y, recordando lo referente a salvar la propia vida, los comerciantes salieron en tropel, cargando sus pertenencias y maldiciendo al ladrón con todas las palabras feas posibles.

XII

El conjuro que todo lo puede

De pie, confundido, Cipriano miraba al guardia con el alfanje en alto, esperaba que, en cualquier momento, este descargara el golpe fatal y su cabeza rodara por el suelo. En tanto se preparaba para defenderse, aún no podía comprender cómo había llegado el collar a sus ropas. Algo sí entendía: una vez muerto, la estatuilla quedaría en poder de la malvada vieja y jamás podría cumplir la promesa hecha a sus padres y a la sabia Isharad.

Súbitamente escuchó la alegre carcajada de la viuda que se doblaba de risa en medio del patio y ordenaba al guardián bajar el alfanje.

—¡Vaya, vaya! Sigo siendo la más vieja y más lista mujer del desierto. Ven, joven y tonto hechicero. Comamos algo y luego te mostraré que las cosas no son lo que parecen.

Algo cohibido, el hombre siguió a la vieja al patio fresco y agradable, y después de comer unas pequeñas aves asadas y algo de fruta, escuchó a la viuda que aún se divertía a su costa y a la de sus compañeros recordando las caras de miedo de aquellos.

—Como comprenderás no podía dejarte partir con esa hermosa efigie, por la que he esperado tanto tiempo. Así que me las arreglé para que me robaras.

—¿Usted escondió entre mis ropas el collar cuando saltó para despojarme de la estatuilla?

La vieja volvió a reír. ¡No! ¡Claro que no! Y me extraña que no te hayas dado cuenta de que nunca tuviste el collar. El guardia que te registró lo llevaba en la mano e hizo parecer que tú lo tenías. Aún no has llegado al punto de saber que lo que nos rodea puede ser a veces solo la apariencia y que detrás existen cosas que no podemos siquiera imaginar. Solo aguzando nuestros sentidos podemos descubrir ese otro mundo. Esto no debía ser nuevo para el hijo de Mitradis y Areté.

—¿Cómo sabe usted todo eso?

—Yo sé muchas cosas y sé también que ahora mismo te han perdido la huella esos... digamos... hombres de capas negras que aguardaban a tu caravana en el mercado... También me río de ellos. Sí que me divierten, sobre todo me divierte el miedo que aún les inspiro —dijo esto ya sin reír, con la serenidad de quien conoce su propia fuerza—.

—Cipriano, te quedarás aquí hasta que yo obtenga lo que quiero, así que considera esta tu casa, porque de otra manera te sentirás en una prisión.

Un guardia condujo al joven a la que sería su habitación. Como la noche había caído y no había luna, pudo ver solamente su lecho, sobre el que se acomodó, agradeciendo humildemente haber salvado la vida y muy intrigado acerca de su extraña captora. Asió la estatuilla y la colocó junto a su pecho. Aun temiendo ser asesinado mientras dormía, no pudo resistir el cansancio y cayó en un profundo sueño.

Al amanecer, el joven descubrió con horror que se encontraba en una especie de pozo, con una rejilla que apenas permitía entrar los rayos del sol. Además de un mal lecho, solo había un cuenco vacío. Poco después la anciana se acercó a la rejilla, inclinándose con dificultad, le ofreció la liberad a cambio de que entregara la estatuilla, pero él se negó una y otra vez. La viuda le aclaró que no intentara emplear hechizos para escapar, pues ella era más poderosa que él y lo impediría. Las horas transcurrieron y Cipriano sintió cuán vulnerable era en ausencia de sus poderes, experimentó soledad, angustia por el encierro, hambre y sobre todo una terrible sed. Con su lengua adherida al paladar pensó en su infancia, sus padres, Marcos y por primera vez en muchos años, lloró y tomando el cuenco reunió sus lágrimas que eran abundantes y al beberlas ahí, tal vez por la sed misma, dejaban de tener un gusto salobre y se volvían dulces. Lloró hasta que sintió su ser libre y ligero, y se quedó dormido.

Al despertar, aún con hambre, pero más tranquilo, decidió fraguar un plan para escapar. No contaba por el momento con su magia, pero sí con su ingenio. Jamás entregaría la estatua sagrada, pero no podía dejarse morir, pues entones nunca cumpliría con la promesa hecha a sus padres.

Casi con alegría, descubrió que el suelo del pozo era de tierra, el calor se volvía sofocante y el sudor empezó a escurrir por su cuerpo. Tomando una piedra del suelo de un tamaño adecuado, la cubrió con el lodo al que mezcló su sudor y con gran cuidado elaboró una efigie muy parecida a la que llevaba con él, mientras invocaba el favor de la Antigua Madre. Trabajar la tierra teniendo como único líquido sus lágrimas y su sudor, hicieron que sus manos sangraran, dando a la estatuilla al final, un bello color.

Una vez concluida su obra, suplicó al guardia que llamara a la terrible viuda.

Era obvio que la anciana le pediría al joven que le entregara la estatuilla antes de darle la libertad. Así que extendió su huesuda mano y recibió la réplica, segura de que ahora ella podría dominar los vientos de las dunas.

—Ahora sí, miserable mercader, ya puedes quedarte a aguardar la muerte en tu agujero.

—No creo que deba hacer eso, mi señora —replicó Cipriano con voz débil—. Se necesitan los conjuros que permiten que la estatuilla obre prodigios, y esos los aprendí de niño con mi padre.

—Es verdad —dijo la mujer pensativa, luego ordenó a sus guardias: sáquenlo de ahí y denle de comer y beber. Aún me asombra que haya resistido tanto tiempo.

Por la tarde, Cipriano fue llevado ante la vieja, quien le amenazó con torturarlo hasta que revelara los conjuros, pero él le respondió que primero mordería su propia lengua y se ahogaría con ella como el viejo caravanero de la leyenda, antes que revelar los secretos confiados a él por su padre.

—Además mujer, creo que ya sabes que, aun conociendo los conjuros, la magia no te obedecería.

—Vuelves a estar en lo cierto, joven hechicero. Sin embargo, teniendo la estatua en mis manos no tardaré en encontrar los conjuros.

—¿Dónde piensas encontrarlos, anciana? —preguntó Cipriano astutamente.

—¡En mis tablillas o en mi memoria, insensato! —respondió la vieja irritada, dejando al descubierto una gran posibilidad para el joven, ya que, si bien él sabía que debía llevar la efigie a alguna parte, no sabía aún a dónde, ni para qué. Por lo visto, esta viuda en su decrepitud sabía más sobre la estatuilla de lo que antes él había creído. De hecho, ella la quería no solamente por lo que sus compañeros de la caravana le habían contado a la mujer, sino por algo más.

Esa noche, alumbrado apenas por una pequeña tea, Cipriano fue conducido a su nueva prisión, esta vez, a lo largo de varias escaleras de adobe adosadas a las paredes. Ascendiendo tal vez a algún lugar en donde le fuese imposible escapar.

Con la luz de la aurora, el mercader pudo darse cuenta de dónde se encontraba. No se trataba, como él llegó a creer la noche anterior, de una horrenda prisión. Todo lo contrario. Ocupaba una habitación en lo alto de una torre con varias ventanas que permitían entrar la luz y el viento de la mañana. El suelo estaba cubierto con hermosas esteras de colores. Este espacio trajo a su memoria, vívidamente, su propia habitación en la hermosa casa de sus padres, junto al mar en Antioquía.

Se acercó a una de las ventanas y pudo ver hacia el sur, la próspera ciudad de Merib'a que despertaba. Las mujeres llevaban sus vasijas a las fuentes y los hombres se dirigían al campo, con sus herramientas de cultivo. Otros llegaban al mercado para instalar sus puestos y muchos chiquillos empezaban a correr por las calles, alejando el sueño, frotándose los ojos con las manos llenas de tierra y devorando sus trozos de pan.

Cipriano miró luego por una de las ventanas orientadas al norte y descubrió que la parte posterior de la torre y de la gran casa daban a unas bellas formaciones rocosas, que la luz del amanecer hacía ver de color rosado. Al fondo, al pie de la torre y protegido por las rocas mismas, se situaba el jardín más bello que el joven hubiera visto. Muchas y esbeltas palmeras daban sombra a bancos de piedra, bellamente esculpidos con cabezas de toros, halcones y felinos. Había diversas plantas cultivadas, incluyendo higueras y hortalizas. Enredaderas subían por las paredes de la torre, la casa y el macizo de rocas, y al fondo, un minúsculo manantial daba vida a ese escondido oasis. Al centro del jardín se encontraban tres pilares. Uno de roca negra y brillante, otro de color arena, y otro de un color blanco deslumbrante. En algún lugar el joven había escuchado que estos pilares representaban deidades de una época inmemorial. Junto a los pilares había canastillas de frutas y vasijas a manera de ofrendas. Las paredes estaban cubiertas con dibujos de animales, algunos realmente extraños con cuellos largos y manchas en tono ocre. Otros eran felinos como leones o leopardos y otros más parecían gacelas.

El joven prisionero se encontraba aún sorprendido, cuando por la puerta entró un enorme esclavo de piel oscura con alimentos. Cipriano agradeció al hombre el obsequio, pero consideró arriesgado probar la comida. Sin embargo, la mirada torva del guardia lo hizo comprender que debía elegir entre la probabilidad de morir envenenado o la seguridad de hacerlo decapitado—. Se sentó a comer e invitó al hombre, que extrañado se resistió, pero aceptó, sorprendido del gesto del joven. El centinela recordó que, entre los caminantes del desierto, compartir los alimentos era un mandato ancestral al que no podía rehusarse.

El guardia se llamaba Mardak y no era natural del país. Había llegado ahí muy niño, solo recordaba que estaba en un lugar muy lejano, cerca de una gran ciudad. Una terrible tormenta de arena había cubierto su campamento y cuando abrió los ojos, ya estaba en la casa de la anciana.

—Ella siempre ha sido anciana —decía Mardak mientras saboreaba un pastelillo de carne. Solo se sabe que vino de muy lejos, de más allá del mar de Eritrea, también llamado Mar Rojo. De ahí donde viven esos animalitos, cuyas figuras viste pintadas en la pared del jardín.

—Este es un lugar hermoso —dijo Cipriano— pero quisiera volver con mis amigos mercadees y partir de regreso a Al Hira.

—Creo que eso no será posible. Primero te quedarás como prisionero y luego, créeme, ya no querrás irte. No hay en el mundo un mejor lugar que este.

Una vez que volvió a quedarse solo, Cipriano se dedicó a estudiar la forma de escapar de la torre y estaba dedicado a esto cuando fue llamado por Mardak para que se presentara ante la anciana viuda.

Esta había cambiado su actitud y le invitó a conocer su casa. Después de todo, —pensó el joven— va a ser mi cárcel por algún tiempo.

Como si adivinara sus pensamientos, la mujer le dijo: –No será esta una prisión, tómalo, digamos, como una invitación para estar aquí por ahora.

Cada día comían juntos. La vieja atendía sus negocios y Cipriano recorría la gran propiedad en busca de dos cosas que le apremiaban: por una parte, la forma de escapar y por la otra, que era para él más importante, descubrir pistas sobre lo que la mujer sabía acerca de la efigie de la Gran Madre.

Una tarde en que la lluvia de la temporada regaba los huertos olorosos y las calles de la maravillosa ciudad de Merib'a Cipriano tuvo una gran idea. Llevaba en la casa el tiempo suficiente para conocerla toda, así como el jardín de los tres pilares de roca y no había encontrado ningún indicio del muro de las tablillas que la vieja una vez mencionó. Solo le faltaba explorar con cuidado un lugar. Aquel horrible calabozo donde había estado encerrado y que quedaba justo al pie de la torre, donde ahora se encontraba su habitación.

Acostumbrados a su presencia, los guardias le permitían andar por todo el lugar sin restricción alguna. Así que esa tarde, el joven descendió hasta el calabozo, pidió que le dejaran entrar para hacer un ejercicio de humildad, recordando los sufrimientos pasados y los beneficios presentes. Ya ahí, hizo memoria de la propia experiencia vivida en su hogar, y buscó un indicio que le revelara la existencia de una cámara oculta. Lo encontró, justo en la parte baja de una pared. Se trataba de una roca algo pesada. Al deslizarla con gran dificultad, dio paso a un estrecho pasadizo que desembocaba en una habitación subterránea, amplia y que de alguna parte recibía luz.

En un extremo había varias lámparas de aceite de hermosas formas, un altar al centro que llamó la atención de Cipriano, pues era muy similar al de la habitación secreta de su propia casa, solo que este se encontraba vacío y al otro extremo, un muro cubierto de extrañas inscripciones. El joven sintió que una gran emoción recorría su cuerpo, pues los caracteres se parecían a los que viera en el brazalete de su madre. La recordó con claridad cuando cantaba suavemente y miraba las estrellas y el mar, mientras la tarde caía.

Estaba completamente ensimismado en sus recuerdos cuando la cascada voz de la anciana lo sobresaltó.

—Así que al fin llegaste a esta cámara.

El joven la miraba sin decir palabra, en tanto ella avanzaba y ponía sus dedos sobre lo signos, mientras los leía en voz alta y solemne:

—Del mar de luz emergió el orbe pleno de vida que la Gran Madre defiende. Del otro lado del velo amenazan las sombras a la tierra. No hay que temer en la tribulación. Ella cierra el paso y contiene el Mal.

La anciana caminó hacia él y lentamente descubrió su rostro, pero este ya no era el de un esqueleto de ojos apagados y sin dientes como dijera U-lah. Era el de una mujer joven de piel oscura, enormes ojos negros de largas pestañas, una boca suave y carnosa que sonreía mostrando una lengua roja e inquieta. Se deshizo de la rica túnica verde y descubrió sus pechos enormes y firmes, unas caderas sinuosas y aquella piel tersa que reflejaba la luz.

—Mago de Antioquía, has aprendido muchos hechizos poderosos, pero aún no conoces el más poderoso de todos, el que se reveló en tu sueño junto a la antigua flama, –le decía mientras lo empujaba suavemente hasta acostarlo de espaldas sobre el altar, luego se inclinó sobre Cipriano que atónito se veía descubierto ante esa mujer extraña y lo besó en la boca, largamente, descendiendo con su lengua a la barbilla y al pecho del hombre que sentía su corazón latir aceleradamente y la sangre correr por su cuerpo, en tanto la negra cabellera lo cubría. La mujer se colocó en un ensamble perfecto sobre el cuerpo del hombre y se balanceó cada vez con mayor intensidad hasta hacerle perder la noción del tiempo y del espacio.

Agotado y feliz, Cipriano vio a la mujer vestirse de nuevo, ordenar sus cabellos y colocarse sus joyas lentamente, como en un ritual.

A partir de ese día, el joven quedó envuelto en una especie de ensueño:

Vivía aguardando el momento de estar con la hermosa mujer, de quien aprendía maravillosas formas para disfrutar el placer cuando sus cuerpos desnudos se entrelazaban, y al mismo tiempo aprendía también poderosos hechizos cuando sus espíritus y sus pensamientos se comunicaban.

Mardak tenía razón. Cipriano ya no deseaba partir, solamente cuando contemplaba la efigie de la Gran Madre, una terrible culpa se apoderaba de él, por perder día con día la intención de cumplir la promesa hecha a sus padres. Después de una larga noche de meditación, sentado junto a las rocas del jardín, el joven hechicero tomó una decisión.

Algo habitaba en su ser entero que estaba por encima de todo, absolutamente todo lo demás.

—Te he mentido —dijo en tanto ella se desnudaba lentamente y él extendía la mano con la estatuilla verdadera para que ella la tomara—.

—Lo sé —respondió ella sonriendo con dulzura, como una madre a un hijo que confiesa una travesura. -Pero... ¿por qué me lo dices?

—Porque me has hecho feliz, me has enseñado los misterios de la magia, del placer y del tiempo. Si esta efigie es lo que deseas y con ella puedo hacerte feliz también, es tuya. Tómala.

—¿Y la promesa hecha a tus padres?

—Entonces ellos no imaginaban lo que yo iba a encontrar.

—¿Qué encontraste?

—El amor

—¿Y si yo no te amo?

—No importa. A cambio quiero quedarme junto a ti, hasta la muerte.

Ella rechazó la efigie verdadera y continuó

—Hace mucho tiempo conocí a un hechicero como tú. Le llamaban Salomón. Era un rey, rico, sabio y poderoso. Viajé a su reino y le enseñé cuanto sabía. Era un rey magnífico y tuvo que elegir también entre su poderoso reino y nuestro inmenso amor... Pero él era un rey que amada a su pueblo.

—Yo soy solo un pobre hechicero errante que no puede compararse con un rey, pero te amo.

—La efigie que me diste es valiosa para mí porque tiene tu sudor, tus lágrimas y tu sangre —le susurró al oído mientras lo empujaba con ternura al lecho. Dulcemente le pidió que recordara las palabras escritas en el muro y tomando la mano de Cipriano la llevó hasta su propio vientre, ahora levemente abultado. El corazón del hombre dio un vuelco y ella susurró:

—Es una niña hermosa como tú, Cipriano. Hija de un poderoso hechicero de Antioquía y de Bilquis, la inmortal.

Él cerró sus ojos, pensando que nunca había sido tan feliz y se quedó profundamente dormido.

XIII

El reino de hierro y marfil

l sol hirió los ojos del hechicero que despertó para descubrir que se encontraba recostado contra un muro, en las afueras de la ciudad. Se sentía mareado, despertando de un pesado sueño.

A su memoria vinieron Bilquis y la hija de ambos. Aún aturdido, cruzó una de las hermosas puertas de Merib'a y atravesó la ciudad hacia el norte, a donde se encontraba la casa de la mujer que ahora estaba seguro, había despertado en él la poderosa magia del amor.

Caminaba tan rápidamente como su extraño estado de somnolencia le permitía y pensaba al mismo tiempo en su situación. Le angustiaba terriblemente desconocer la razón, por la cual ya no se encontraba al lado de la viuda. Finalmente, agotado llegó a la casa de esta, pero no había guardias. La puerta estaba abierta. No se escuchaba voz alguna.

Recorrió todas las habitaciones, una por una. Estaban vacías, silenciosas, como si nadie hubiese habitado el lugar en mucho tiempo.

Entró en la habitación oculta, la que tenía grabado el texto antiguo en uno de sus muros y el altar. Sobre este descansaba la estatuilla de la Gran Madre, la original. Bilquis había conservado para sí la réplica que Cipriano había hecho. Se marchó misteriosamente llevándose en su vientre a la hija de ambos. Sintió un dolor agudo en el pecho, similar a aquel que sufrió cuando vio cómo el fuego consumía la casa de sus padres e impotente sentía que moría con ellos. La pena lo venció y cerró los ojos. Se durmió soñando que aún tenía a Bilquis entre sus brazos.

Mucho después, al despertar, pensando ya con claridad, se incorporó y tomó la efigie del altar, luego, haciendo un recuento de los días pasados junto a la generosa mujer, notó que su enojo y angustia se diluían en su interior para dar paso a la calma y la ternura. Se propuso buscarla, pero para ello debía primero preguntar a los habitantes de Merib'a si sabían algo sobre su paradero.

En esto pensaba, cuando descubrió sobre el altar una pequeña bolsa de tela, en el interior encontró una buena cantidad de hermosas gemas con las que se podría comerciar. Una cálida sonrisa apareció en su rostro y con paso ligero se encaminó al exterior de la solitaria casa. Después de todo, no es el mundo tan grande para quien busca recuperar lo que verdaderamente ama.

Llegó al centro de la ciudad, al ruidoso y rico mercado. Se dirigió entonces a uno de los comerciantes que se encontraba descargando sus camellos.

—Perdón, señor, busco a los mercaderes beduinos, los de la caravana de Al Hira.

—Esa caravana hace mucho tiempo que se marchó. Bueno, de hecho, hace años que se fueron sin regresar jamás.

—¿No se sabe cuándo volverán? —preguntó consternado al descubrir que habían sido años y no días los vividos junto a Bilquis.

—No creo que lo hagan. Algunos dicen que huyeron luego de robar a la viuda que comerciaba con joyas, y otros cuentan que asesinaron a un joven que viajaba con ellos. Lo cierto es que hace mucho tiempo que nadie sabe de ellos.

Se acercó al bosquecillo del templo, en donde se encontraba una fuente y se miró en ella. En efecto, ya no era un muchacho. Era un hombre que debía cumplir la promesa hecha a sus padres, buscar a su mujer y a su hija, pero era también un hechicero que había aprendido mucho sobre la cura de enfermedades, el dominio de los elementos, los seres benévolos y malvados de los otros mundos y el misterioso poder de engendrar vida como resultado del amor.

Luego de mucho indagar, supo que entre los habitantes de la ciudad se decía que la viuda probablemente se había marchado por el mar Rojo, hacia donde el sol se ocultaba, a la tierra de sus antepasados. Una tierra abundante en plantas y habitada por gente de piel oscura. Así era, como lo mencionara Mardak y como lo sugerían los animales dibujados en las paredes del jardín de Bilquis.

El hechicero adquirió mercancía con el producto de algunas de las gemas que le dejara Bilquis. Luego inició la búsqueda de un barco que lo llevara a su destino, a encontrar a su mujer y a su hija.

Bajo el sol del mediodía varios hombres cargaban un barco que pronto, navegando hacia el oeste, cruzaría el mar Rojo, de aguas tan transparentes que podían verse los coloridos animales y plantas que habitaban en su fondo.

El mago solicitó sus servicios al propietario que inmediatamente aceptó al ver las brillantes monedas en la mano del cliente y dio orden a sus esclavos de subir sus pertenencias.

El barco era una esbelta embarcación egipcia que transportaría odres de vino y aceite, cofres con lino, coloridas sedas y lana, cestas y vasijas con especias, cajas pequeñas con incienso; sacos de harina y de diversos frutos secos y valiosas piezas de alfarería.

Cipriano había abordado ya y miraba hacia el horizonte. Su corazón latía apresuradamente. En pocos días, de no haber contratiempo alguno, estaría de nuevo junto a Bilquis... una vez que pudiera saber en dónde se encontraba.

—Cargar la nave tomó el resto de la tarde y al amanecer partieron hacia el misterioso territorio del hierro y el marfil.

Aún con toda su sabiduría, el hechicero encontró difícil mantenerse de pie. Era la primera vez en su vida que en lugar de viajar cabalgando sobre el lomo de un animal lo hacía remontando las olas, sobre el insondable abismo marino.

La sensación de mareo desapareció por fin, dando paso a una profunda nostalgia.

Los recuerdos de su infancia feliz con sus padres y Marcos, junto al Egeo llegaban a su mente, suaves, como las olas mismas sobre las que se deslizaba el barco de vela. Estas naves eran la fuerza que sostenía el abundante, rico y constante comercio de Roma con las enigmáticas tierras del lejano oriente, la India, Arabia, la inmensa África y las tierras del norte. La tripulación era aventurera, buscadores de fortuna que se hacían marineros. En todo caso, muchos de ellos no volverían a ver la tierra en que nacieron.

Con la noche el viento arreció y amenazantes nubarrones cubrieron el cielo. No tardó mucho en precipitarse una tormenta rara en esa región, que fue tornándose cada vez más peligrosa. La tripulación se alarmó y los pasajeros entraron en pánico. Para todos era claro que ni la gran experiencia del propietario navegante, ni sus marineros podrían hacer nada para salvar a los ocupantes del barco.

Un barbudo y asustado negociante de aceites trataba de

acaparar entre sus brazos los odres que contenían su valiosa mercancía como si eso le pudiese salvar del inminente naufragio.

Cipriano lo miraba cuando reparó en unos aterrados viajeros de Naír que silenciosos y resignados esperaban la muerte. Luego miró a los marinos y al propio patrón invocando a sus dioses en diversas lenguas, suplicantes.

El hechicero sintió la tristeza, el temor y la impotencia que embargaba a todas esas personas. Una compasión inmensa inundó su ser y luego un deseo imperioso de que la tormenta aminorara para que el dolor de los que le acompañaban desapareciera. Extrajo la estatuilla de la bolsa y la levantó invocando el poder de la Antigua Madre, pero el viento arreciaba; en tanto todos los pasajeros se preparaban para el inminente final. La oración del mago parecía no ser escuchada. Súbitamente le fue revelada la verdadera clave de ese poder. Del grupo de viajeros se separó una niña de ojos aceitunados, cabello en desorden y vestida con harapos. Aproximándose a él le tendió los bracitos mirándole fijamente. El mago comprendió y le entregó la efigie que ella elevó hacia el cielo a la vez que él invocaba a la deidad. Repentinamente el viento cesó, el mar fue calmando su furia y las estrellas aparecieron al alejarse las nubes de la tormenta.

La niña pareció despertar de un trance. Arrojó la estatuilla al suelo y huyó aterrada, sin entender qué le había sucedido. El hechicero intentó acercarse a ella, pero la pequeña se escondía entre las personas que le acompañaban, mirándole con temor. El mago solo pudo averiguar su nombre. Se llamaba Ananda.

Poco después protegidos por la Gran Madre los ocupantes

de la nave pudieron contemplar su destino, el populoso puerto de Adulis en la costa oriental de África, este puerto era la entrada marítima al legendario reino de Axum. Los viajeros desembarcaron con cuerpos cansados, pero con rostros felices por tocar tierra. Cipriano sintió que alguien le sujetaba de la manga. Era uno de los marineros que le entregó una cruz de madera y le dio las gracias, bendiciéndole en Siriaco. Recibir ese obsequió y escuchar su lengua materna conmovieron al hechicero, quien, sin embargo, no pudo continuar hablando con su agradecido interlocutor, pues este había desaparecido. Entonces se colocó la cruz alrededor del cuello y se dedicó a supervisar el desembarco de las mercancías y su distribución entre los comerciantes.

Decenas de barcos fondeaban en el magnífico puerto, que luego daba lugar a una inmensa plaza abarrotada de gente, animales, cajas y sacos.

Había personas de todas las naciones conocidas: griegos, judíos, romanos, galos, tracios, egipcios, árabes, sirios, etíopes, hindúes. Una multitud hablando en muchas lenguas y vistiendo variadísimos atuendos.

Para Cipriano aquel espectáculo era realmente maravilloso, pues a primera vista parecía un verdadero caos, pero luego era claro que cada comerciante y cada comprador sabían qué querían adquirir, vender o intercambiar.

Discutían, reían, gritaban, e incluso, llegaban a insultarse, utilizando para sus transacciones gran cantidad de monedas y negociando un sinfín de productos.

Cipriano alquiló un espacio en la plaza e instaló su tienda. En tanto se preparaba para internarse en el espléndido reino de Axum y hacía indagaciones acerca de Bilquis.

No podía quejarse. Su negocio prosperó y pronto adquirió gran respeto entre sus compañeros. Los rumores sobre la forma en que él y aquella misteriosa niña habían salvado el barco de la terrible tormenta, corrían por todo el puerto y rodeaban al mago de un halo de misterio. Fue por esta fama extraña que un comerciante egipcio llamado Taris se interesó en convertirse en su amigo. Era agraciado, de piel cetrina y ojos pícaros. Se especializaba en comprar y vender hierbas, pomadas y polvos curativos. Le propuso al hechicero trabajar juntos y este aceptó con verdadero entusiasmo la oportunidad de poner en práctica los conocimientos médicos adquiridos junto a su padre y enriquecidos al lado de su amada hechicera.

Meses después de su llegada, Cipriano y Taris ya contaban con una considerable lista de pacientes. Sin embargo, a pesar de la gran cantidad de personas con quienes había entablado relación, entre comerciantes y pacientes, nadie pudo brindarle información sobre Bilquis y la hija de ambos. Una tarde, Cipriano estaba sentado a la puerta de su casa, mirando las colinas ondulantes que rodeaban Adulis y decidió que era tiempo de adentrarse en el reino y viajar a la capital, Axum. Lo consultó con su amigo, quien decidió acompañarlo para probar fortuna en la ciudad donde se asentaba la corte del gran rey Ezana.

Ofreció un gran banquete a sus compañeros mercaderes, repartió víveres y monedas entre sus pacientes más pobres, aguardó la partida de una caravana y emprendió con Taris el camino hacia Axum.

La noche caía y los amigos se sentaron a disfrutar del fuego que habían encendido los cargadores. Entonces Taris preguntó a Cipriano:

—Dime, Cibrán ¿por qué tu gran interés en viajar a Axum? Después de todo, la fortuna te sonreía en Adulis.

—Estoy buscando a una persona que cruzó el mar Eritreo para vivir aquí, en el reino de Axum. Creo que en la capital me será más fácil saber sobre ella.

—Es entonces una mujer.

—Sí, Taris. La única mujer que he amado en mi vida y la madre de mi hija, una niña a la que no conozco.

—¿Ella te abandonó? ¿Le hiciste algo?

—No. Ignoro la razón por la que se alejó de mí. Una mañana desperté y ella ya no estaba. Nuestra casa se encontraba vacía y yo quedé completamente solo.

—Si se marchó así, tal vez era porque ya no tenía deseos de estar contigo.

—No lo creo. Éramos felices y nunca habló de separarnos. De hecho, me dejó algunas gemas con las que pude comprar mercancías.

—Entonces, Cibrán, ella no huyó de ti, sino de algo que los ponía en peligro estando juntos y, por lo tanto, ponía en peligro a tu hija.

Cipriano se sorprendió. De pronto, gracias a las palabras de Taris, todo adquirió sentido en cuanto a la partida de Bilquis. Inevitablemente pensó en los jinetes de las capas negras.

Poco antes de llegar a Axum, Taris hizo a su amigo una recomendación:

—Toma. Lleva esta cruz en tu cuello.

—Yo tengo una, me la obsequió un marinero.

—Llévala en un lugar visible. Has de saber que no hace mucho tiempo, en Axum se adoraban muchos dioses para quienes se levantaron elevadas estelas de piedra. Entonces llegó aquí un muchacho que era cristiano y logró convertir al rey Ezana, quien declaró que todo el reino sería cristiano por orden suya. Así que si queremos que nos vaya bien y no tener dificultades deben pensar que nosotros lo somos también.

Cipriano sonrió recordando a su querido amigo Marcos y las largas conversaciones en aquel oasis, donde sobrevivieron a los asaltantes del desierto. Hablaban sobre el maestro Jesús, Dios padre, la caridad, el amor y María. María, que peregrinó encinta a través del desierto... Inevitablemente pensó en su amada Bilquis y en la hija de ambos.

Llegaron a la ciudad por la tarde. No imaginaban tal esplendor. Amplias casas de barro, cubiertas con techos circulares sobre los que crecían verdes plantas, se agrupaban hasta el horizonte. Al centro de las mismas se levantaba un palacio de tres pisos y con amplias escalinatas. En varios puntos de la ciudad se elevaban obeliscos que resplandecían con la luz del sol poniente. También observaron altas y esbeltas estelas, labradas con ventanas y puertas simuladas, como si pretendieran parecer construcciones de varios pisos.

Los amigos buscaron un lugar en la inmensa plaza central y ordenaron a los cargadores que acomodaran las mercancías.

A diferencia de lo que sucedía en Adulis, donde se hablaban muchas lenguas, aquí en la capital el idioma común era el griego.

Una vez instalados, les tomó a ambos solo unos días establecer nuevas relaciones con los comerciantes y, por supuesto, con un gran número de pacientes.

Fue debido a su fama como médicos, que se les requirió en la corte del gran rey cristiano Ezana. Uno de sus hombres de confianza había enfermado y no se encontraba cura para su padecimiento.

Los amigos vistieron sus túnicas de lino blanco y sus capas más elegantes azul y púrpura, prepararon un cesto con polvos y ungüentos y marcharon al palacio del rey Ezana. Una larga calzada que iniciaba en la puerta de la ciudad, cruzaba la plaza y luego llevaba directamente a la entrada del palacio que era muy bella en su sencillez. Esta conducía a la sala del trono, en donde hombres y mujeres de hermosa piel oscura, vestidos a la usanza de Siria o de Chipre rodeaban al monarca sentado en su trono de fina madera. Era un hombre esbelto, de estatura muy elevada, piel oscurísima y ojillos vivaces. Vestía una túnica pesada de colores y portaba un collar de gemas con una enorme cruz de oro que quedaba justo a la altura de su corazón. Sonrió amigablemente, pero no se dirigió a los recién llegados. Uno de sus funcionarios describió el padecimiento que sufría uno de los consejeros del rey que era además, uno de sus más caros amigos.

No pasó desapercibido para Cipriano que el rey mirara con agrado las cruces que él y su amigo llevaban al cuello.

Una vez enterados de la situación, fueron conducidos a través de un laberinto de pasillos hasta una cámara en la que se encontraba el enfermo. La luz penetraba suavemente por las ventanas muy estrechas y altas e iluminaba un rostro de piel blanca, nariz recta y ojos profundos. Su voz, al saludarlos en nombre de Dios, era suave, pero se escuchaba agotado.

Por el saludo, Cipriano comprendió que prefería dirigirse a ellos en latín y en ese idioma le hizo varias preguntas, luego miró sus ojos, sus manos y su lengua. Después de largo tiempo confirmó sus sospechas sobre el problema del enfermo. Pidió agua hirviendo y preparó una infusión de nueve hierbas con la que inició el tratamiento. A partir de entonces, todos los días, por la mañana y por la tarde, los dos médicos visitaban al enfermo y le hacían beber diferentes remedios. Cuando lo juzgaron conveniente, solicitaron la autorización del rey para llevarlo al exterior.

El convaleciente mejoraba paulatinamente en tanto establecía con el médico y su agradable asistente una estrecha relación amistosa. Así fue como Furmencio, que tal era su nombre, comentó algo que para el médico fue una revelación.

—En verdad que el Señor ha iluminado tu mente, Cipriano, y también la tuya, Taris. Por lo que me encuentro muy agradecido. Me gustaría saber dónde han aprendido a dominar el conocimiento de las sustancias que curan el cuerpo.

—Yo soy egipcio —respondió Taris—. Allá, con los comerciantes de hierbas y minerales curativos aprendí mucho, pero es hasta ahora, con mi amigo, que sé más sobre cómo utilizarlas y para qué males.

—Yo aprendí el arte de curar, allá en la lejana Antioquía, junto a mi padre.

Furmencio suspiró hondo y dijo con nostalgia —¡Antioquía, cercana al mismo mar que baña las costas de Tiro, la tierra en que nací!

—Nosotros viajamos debido a nuestras ocupaciones. Eso explica que nos encontremos tan lejos de nuestra tierra de origen —dijo Taris—. Pero en tu caso, algo muy importante debe haberte traído hasta Axum.

—Cuando era niño, vine por primera vez con mi hermano y mi tío Metropio. Navegábamos por el mar Eritreo cuando fuimos atrapados por piratas. Logré sobrevivir y fui vendido como esclavo. Dios en su gran misericordia me permitió llegar de esa manera a la corte de Ezana. Así traje hasta él, por voluntad divina, la palabra de Cristo, desterrando la herejía de este reino, para salvación de Axum y gloria del Señor.

—Eso debió haber sido difícil —comentó Taris.

—Dios es grande e iluminó al rey Ezana para que, por su orden, todos se convirtiesen. A través del tiempo, la fe en Cristo se ha fortalecido. Aunque hace algunos años, casi vuelven a caer en la idolatría. Sucedió que, del otro lado del mar Rojo, llegó una mujer que dicen que ha vivido por miles de años y que practica magia, muy poderosa y muy antigua. Más antigua que los templos idólatras de tu tierra Taris. Ya sabemos que una mujer puede ser una gran tentación y si es hechicera es aún más peligrosa. Aunque mencionaron que se encontraba embarazada. Hay criaturas femeninas temibles de las que se vale el mal para perdernos. Esta es una de ellas. Muchos creen que vino aquí a impedir que se siguiera extendiendo el cristianismo.

—¿Qué sucedió con ella? —Preguntó Cipriano a quien una mezcla de angustia y esperanza lo ahogaban.

—Nadie sabe por qué regresó a la tierra donde dice una antigua leyenda que dio a luz a un hijo que tuvo del gran rey Salomón...

—No es posible –interrumpió Taris—. No puede estar viva. Si así fuera, sería una mujer viejísima.

—No. La describen como muy bella. De hecho, creo que al darse cuenta de que era imposible revivir las antiguas creencias, se marchó. El rey Ezana prohibió bajo pena volver a hablar de ella y todo terminó.

—Así se haga la voluntad de Dios —dijo Taris, intercambiando una fugaz mirada con Cipriano—. Aunque sería muy bueno saber qué fue de ella y asegurarse de que no va a volver.

—Sobre eso estamos tranquilos. Solo escuché que se dirigía a la isla de la Luna, en el gran río. Ahí existe un reducto de sacerdotisas paganas, en un templo al que aún acuden quienes permanecen en su extraña fe. Roguemos a Dios para que todos ellos logren encontrar a Jesús y sean tocados por sus palabras. Todavía hay mucho por sembrar en la viña del Señor y es por eso que estoy tan agradecido con Él y con ustedes, por haberme devuelto la salud.

Cipriano y Taris se despidieron y de regreso a su tienda, el mago no cabía en sí de alegría. Finalmente sabía algo sobre el paradero de Bilquis. Irían juntos a buscarla y luego encontrarían un lugar para vivir seguros y en paz.

Sus planes se aceleraron, luego de que una noche recibieran a un esclavo de palacio con un mensaje de Furmencio, quien les urgía para que escapasen, pues el rey había recibido una orden de la iglesia de Alejandría indicándole que debía apoderarse de la estatuilla de un demonio femenino que uno de ellos portaba y luego procurar alejarlos de la idolatría que profesaran, aunque tuviera que mantenerlos prisioneros.

XIV

La cuna del río sagrado

Una suave claridad aparecía por el lado del mar Rojo, cuando Cipriano y Taris salían de la hermosa capital del reino de Axum. Viajaban con pocos cargadores y algunos camellos. Cruzaron los montes que rodeaban por esa zona a la ciudad y dejaron atrás las últimas chozas de barro con techos de paja que empezaban a brillar bajo los primeros rayos del sol.

Caminaron por varios días, acampando al caer la noche y sin incidente alguno, hasta que una mañana al despertar encontraron su campamento rodeado por hombres de piel oscura, elevada estatura, cuerpos delgadísimos y cubiertos únicamente con una especie de ceniza desde la cabeza hasta los pies. Llevaban lanzas largas y puntiagudas y su cara estaba pintada con adornos extraños. Haciendo señas les indicaron que los siguieran y se apoderaron de sus mercancías. Sin embargo, no se aproximaban a ellos, guardando distancia, como si se protegieran de algo.

La marcha se prolongó por días y conforme seguían a sus captores, la tierra de altos pastos y algunos árboles se fue transformando en una región de abundantes arbustos, enredaderas y árboles. Se empezaron a escuchar extraños chillidos de aves y monos que se movían a su alrededor y de vez en cuando, a lo lejos algún rugido amenazador.

Finalmente, llegaron a una aldea sorprendente por su extensión y por la cantidad de pobladores que la ocupaban.

Las chozas eran circulares, muy amplias y con techos cónicos; en las puertas de las mismas, mujeres de hermosos cuerpos desnudos y decorados con dibujos negros, rojos y blancos, amamantaban a sus hijos, molían unos frutos hasta volverlos un polvo amarillento o conversaban. Los hombres se disponían a marcharse llevando sus lanzas. Probablemente iban a cazar algún animal para comer.

El guerrero que parecía de mayor edad, se dirigió a ellos en una lengua desconocida. Sin embargo, uno de los cargadores que acompañaban a los comerciantes, le contestó con fluidez. Fue así que supieron que eran los habitantes del lago Tana, donde nacía un río sagrado y que luego de una fiesta esa noche, pensaban darles muerte a todos, pues se les consideraba intrusos en su territorio.

Procedieron luego a vaciar el contenido de los sacos de mercancía y a apropiarse de los preciados camellos. El día para los dos amigos y sus porteadores fue largo, terriblemente incómodo, ya que se encontraban de pie y con las manos atadas y sobre todo, atenazados por las picaduras de innumerables mosquitos.

Todo parecía indicar que su fin llegaría esa tarde, cuando una serie de terribles alaridos anunció la llegada de los cazadores, que como era muy frecuente, no traían buenas noticias.

Los prisioneros a través de su intérprete, supieron que los hombres perseguían a un enorme órix cuando un felino les dio alcance y logró herir a Gauba, uno de los más queridos guerreros del jefe de la tribu. Sabían por el tipo de heridas recibidas, que pronto moriría en medio de una horrible agonía y preparaban su funeral para esa noche.

Ciprino alcanzó a ver que las heridas del hombre abarcaban su espalda por completo y que la sangre escapaba en abundancia. Hizo entonces que el joven que hablaba la lengua de la tribu les dijera que él era un hombre que sabía curar. Durante minutos angustiosos, el jefe de la aldea se negaba a creer y aceptar ayuda, en tanto la sangre seguía abandonando el cuerpo del herido. Finalmente accedió, jurándoles que, si el herido no sanaba, ellos morirían.

El médico fue liberado y pidió que desataran a Taris también. Hizo que trajeran agua y que sujetaran a Gauba. Pidió que le devolvieran una de sus bolsas con medicamentos. Lavó las heridas del cazador con agua y sal, y sin hacer caso de los comentarios que surgían en torno, debido a los alaridos de dolor del paciente, aplicó un ungüento de grasa animal y varias plantas, envolvió el torso del herido con tiras de lino suave y le dio a beber una infusión que lo hizo dormir profundamente.

Pidió a todos que se retiraran y dejaran descansar al herido. Por supuesto que los habitantes de la aldea se dedicaron a hacer lo contrario. Ya que no estaban muy convencidos del tratamiento dado al guerrero, decidieron invocar a sus deidades cantando, lanzando gritos y bailando, para que recibieran al respetado Gauba en el mundo de los muertos; pues su experiencia con ataques de animales les indicaba que de hecho moriría.

Los prisioneros permanecieron de pie, mientras los hombres y mujeres que habían brincado y gritado toda la noche fueron cediendo poco a poco al cansancio y se retiraron a dormir.

Fatigados, hambrientos y apunto de desfallecer, los prisioneros vieron que con la claridad del día, los pobladores de la aldea se levantaban y se acercaban a la choza donde reposaba Gauba. Este permanecía con los ojos cerrados y sin moverse, tal como si hubiera muerto.

Los guerreros y las mujeres se apresuraron a reunir troncos, unos con miradas de enojo y otros con sonrisas de burla. Los propios cargadores maldecían por lo bajo a Cipriano. Taris, en una última muestra de lealtad, le dirigió una mirada de amistosa despedida.

Fueron conducidos al centro del círculo de troncos con los que encenderían el fuego y se preparaban para hacerlo, cuando de la choza de Gauba salió corriendo una de sus mujeres, anunciando que había abierto los ojos y recobrado el aliento.

Inmediatamente, el cargador que hablaba la lengua de la extraña tribu exigió que los liberaran, y al notar renuencia en los hombres, Taris hizo que los amenazara con pedir al curador que había salvado al herido, que hiciera venir una gran cantidad de animales salvajes, sobre todo felinos, ya que él podía curar las heridas de estos, porque podía dominarlos.

En tanto, el hechicero permanecía tranquilo. Durante toda la noche y al mismo tiempo que los guerreros del lago Tana invocaban a sus muertos, él había sentido en su ser el palpitar de la selva, de la tierra y del agua. Nuevamente podía percibir el corazón de lo vivo, el corazón de la Antigua Madre latiendo al ritmo del suyo.

Al comprobar que el herido estaba vivo aún y en buenas condiciones, el anciano jefe ordenó liberar a los cautivos, darles agua y alimentos. Iniciando con ellos una relación amigable, sobre todo con Cipriano, por quien sentía no solo respeto, sino incluso, temor.

Poco a poco, los habitantes de la aldea integraron a los viajeros en su comunidad. Por su parte, estos accedieron a cubrirse con el lodo mezclado con ceniza, manos y rostro, para evitar la picadura de los mosquitos. Participaron en la caza de animales y Cipriano atendía solícitamente a los heridos. Los días transcurrían tranquilos, aunque no dejaban de temer por sus vidas pues no sabían en qué momento podía cambiar el humor de sus captores o de su jefe o cuando podía morir alguno de los pacientes del hechicero.

Los hombres de su pequeña caravana ya se habían entendido con varias muchachas de la tribu, pues cada guerrero podía tener más de una esposa y se habían habituado a la forma de vivir de estos hombres, guardianes del lago sagrado. Pero los días pasaban y la prisa de Taris por partir y de Cipriano por encontrar a Bilquis se hacía mayor.

Cierto día, los habitantes de la aldea mostraban mayor actividad que de costumbre. Esa sería la noche en que la luna llena se vería más grande que durante el resto del año. Las mujeres que estaban embarazadas, se arreglaron más hermosas que nunca y precedidas por el resto de ellas y de toda la tribu iniciaron una larga caminata al lago sagrado. Un lago tan inmenso que decían, era alimentado por cuatro ríos y daba origen a un río más, tan largo, que se perdía al norte, en las tierras de la arena, la soledad y la muerte.

La luna inició su recorrido por el cielo. Tan grande que parecía caer sobre la tierra. Todos caminaban en silencio. Los forasteros habían sido invitados también, no solo porque eran parte ya del pueblo, sino porque dos de los niños por nacer eran hijos de los jóvenes que habían llegado de Axum.

Varios de los caminantes golpeaban rítmicamente dos varas y pequeños tambores, hechos con cueros de leopardo y adornados con cuentas.

Uno de los guerreros empezó a cantar, pero esta vez no se trataba de una serie de alaridos o palabras que se repetían constantemente. Esta era una canción melodiosa dulce y triste a la vez, entonada en una lengua diferente.

Nadie hablaba. Al llegar a la orilla, las mujeres acariciando con ternura su vientre, entraron con lentitud en el lago y avanzaron hasta aparecer de nuevo en la orilla opuesta. Pero no se trataba de la orilla del lago, sino de la pequeña playa de una isla. Entonces Cipriano se dio cuenta de que el lago era inmenso, tanto, que por todas partes aparecían islas de diversos tamaños, ocupadas por formaciones rocosas y plantas abundantes, cuyas hojas se sumergían en las aguas serenas. Todo iluminado por una luz blanca y misteriosa. La luz de la luna que, junto con las futuras madres, eran las figuras centrales de la ceremonia.

El jefe de la tribu invitó entonces a los hombres y mujeres que quedaban a bailar y cantar. Danzarían toda la noche.

Como ya eran hombres de la tribu y habían cazado y bailado con los guerreros, se les reveló el secreto de esa noche. Las mujeres que portaban la vida en sus entrañas, adquirían el poder sagrado de la Madre de todas las cosas. El poder de dar vida. La Gran Madre se manifestaba en la forma de la luna llena y esperaba a las mujeres, ahora divinas, en la isla en que tiempo atrás, según la leyenda, se había detenido a descansar en un largo peregrinar. Las mujeres preñadas se volvían sagradas y esa noche serían bendecidas por la Madre de todo lo vivo.

Nunca, ningún varón había conocido el templo que se levantaba en la isla de la luna. Tampoco podía visitarlo ninguna mujer hasta que no quedara encinta.

—Ahora —dijo el anciano jefe a Cipriano, quien ya comprendía bien su lengua— debes dejar que mi pueblo contemple el tesoro que has custodiado todo este tiempo, y señaló hacia el lado del cuerpo en que el mago colgaba el saco de la efigie.

Obedeciendo, el hechicero extrajo la antiquísima figura de la mujer embarazada y la levantó sobre su cabeza. En ese instante la luz de la luna se reflejó en ella y ya no era del color de la piedra, sino que resplandecía como si fuese de cristal de roca. Todos los asistentes se postraron ante ella guardando un largo silencio y sus corazones palpitaban al mismo tiempo. Todos pudieron escuchar un latido lejano, profundo, como si viniera de las entrañas de la tierra, haciendo que se erizaran los vellos de sus cuerpos, para luego caer en un estado de alegría indescriptible que desapareció al hacerse presentes las primeras luces del amanecer.

Entonces, el jefe de los guerreros que se cubrían la piel con tierra y ceniza, les dijo a los viajeros que, años atrás, una hermosa viajera que había dado a luz a una niña a orillas del lago les dijo que pronto la Antigua Madre los visitaría y luego se marchó hacia Meroe en las tierras que se extendían hacia el norte, siguiendo el curso del río sagrado al reino de los nubios. Era tiempo, pues, de que Cipriano y Taris abandonaran el inmenso lago Tana y a sus ancestrales centinelas; uno guiado por el amor y el otro, por la amistad.

Para llegar a Meroe, la tierra de los nubios, era necesario que siguieran el curso del gran río internándose en la selva, más allá del límite de la aldea, donde muy pocos cazadores se atrevían a adentrarse. Por ello, únicamente uno de los guerreros los guiaría en su recorrido hasta la gran catarata, después de la cual, podrían continuar solos a lo largo de su rivera. Su guía sería Ombut, quien, aunque era ya de edad avanzada, seguía siendo respetado por su valor y su fuerza. De naturaleza reservada, hablaba poco y se limitaba a sonreír si estaba de acuerdo con algo o a permanecer en silencio si no lo estaba.

Llegó el momento de partir. Ombut tomó su lanza y caminó delante de los dos viajeros, quienes recibieron algunos obsequios y muestras de aprecio al partir, despidiéndose de la aldea en la que habían permanecido por tanto tiempo. Ahí habían aprendido a cazar, raspar pieles y danzar bajo la luna alrededor de las hogueras. Dejaban a sus amigos, los milenarios custodios de la isla en la que se levantaba el templo más antiguo dedicado a la Madre Sagrada.

Caminaron durante días y observaron que los árboles eran cada vez más altos, la vegetación más abundante y el suelo húmedo. Se maravillaron ante la variedad de formas y colores de las flores que enredaban sus tallos en los troncos, los miles de trinos, rugidos, chillidos que llenaban el aire. Aún tenían sus cuerpos cubiertos de lodo para protegerse de los insectos que los rodeaban. Por las noches, encendían una hoguera, permaneciendo despierto uno de ellos para evitar el ataque de alguna fiera.

Mucho habían recorrido cuando oyeron a los lejos un murmullo, que luego se fue transformando en un potente rugido continuo, tan sonoro, que apagaba los gritos de las aves y de los monos. Incluso sus propias voces.

Finalmente alcanzaron la orilla de un precipicio y desde ahí contemplaron una inmensa caída de agua que, retumbando, se despeñaba por el abismo. Jamás habían visto los ojos del hechicero tal espectáculo. Recordó entonces el sueño que había tenido en el templo de la flama eterna, cuando la vieja Isharad reveló a él y a Marcos, el poder de la planta sagrada. Ahí estaba frente a él la fuerza detrás de la vida misma. Aún debían descender un largo trecho para llegar al pie de la catarata y continuar después, a lo largo de la orilla del río azul.

Luego de un accidentado descenso entre rocas escarpadas y abundante vegetación, lograron llegar al pie de la poderosa caída de agua y decidieron descansar, comer unos peces recién atrapados y recoger hierbas. Repentinamente un felino enorme se lanzó sobre Ombut que estaba desarmado. Taris, sin pensarlo, golpeó con todo su cuerpo a la fiera, pero esta logró atrapar su mano izquierda.

Cipriano alcanzó la lanza de guerrero, hiriendo con ella al animal. La bestia lanzó un horrible gemido, se hizo un ovillo y cayó muerta. El hechicero se apresuró a auxiliar a sus amigos. Las heridas en la espalda y cabeza de Ombut sanarían, aunque quedarían las cicatrices. En tanto a pesar del dolor que sufría, Taris guardó silencio, mientras su amigo médico procuraba evitar que se desangrara.

Ombut y Taris tardaron mucho tiempo en sanar y los tres amigos pudieron conversar sobre la vida, la muerte, la guerra y el amor, calentando sus cuerpos al sol y escuchando el canto de las aves y de la imponente caída de agua. Una vez que sus heridas cicatrizaron, Ombut se despidió de ellos con gran tristeza en sus ojos, llevando la piel del felino como regalo.

Cipriano y Taris iniciaron su camino a la tierra de los nubios, siguiendo el cauce del río azul desde su orilla oriental.

La lengua aprendida con sus amigos de la aldea les permitía comunicarse con algunos habitantes de la rivera y su aspecto impresionante con barbas y cabellos muy largos, el cuerpo cubierto de pieles y los brazaletes fabricados de huesos debían hacerlos ver como una amenaza. Recibieron de todo: desde obsequios de pescado, collares y cestas, hasta pedradas y palabras agresivas. Así, poco a poco, dejaron atrás la selva llena de verdor, vida y ruido, para internarse en la llanura cubierta de altos pastizales, donde podían verse a lo lejos animales de cuellos larguísimos, otros con astas enormes, elefantes, huidizos felinos de hermosa piel y aves de patas largas.

La llanura quedaba poco a poco atrás y la vegetación se hacía más escasa en tanto era cada vez más raro ver algún animal de los que abundaban en los pastizales. Pero nada les causó tanta sorpresa ni agrado como distinguir a lo lejos una hilera de camellos que se acercaban a las orillas del río a beber. Con ellos iban muchos comerciantes que al verlos acercarse con ese aspecto tan extraño estuvieron a punto de atacarlos, a no ser porque los dos viajeros se dirigieron a ellos en todas las lenguas que sabían, logrando hacerse entender en la de los egipcios.

Luego de cortar sus barbas y cabellos, y cambiar las pieles que los cubrían por unas modestas túnicas. Cipriano y Taris pudieron, por fin, después de mucho tiempo, disfrutar del sabor del pan caliente, la carne salada y los dátiles.

Correspondieron a tan amables muestras de hospitalidad, deleitando a sus anfitriones con la narración de sus aventuras, que su auditorio no se cansaba de escuchar. Finalmente, sus nuevos amigos ofrecieron llevarlos a una aldea desde la cual podrían tomar su camino y llegar a la capital de los nubios: Meroe.

XV

La tierra de las siete reinas

Tras una larga jornada, los viajeros llegaron a un promontorio rocoso, desde donde era posible ver una gran ciudad que resplandecía al sol. Una calzada la atravesaba de norte a sur y otra, de oriente a poniente. Ambas custodiadas por largas filas de estatuas de carneros. Al centro se ubicaba una plaza ocupada por el mercado, que por sí sólo ya era prueba de la riqueza de Meroe.

Hacia el este se alzaba una impresionante construcción con una entrada formada por dos pilones cubiertos de figuras de mujeres que lucían bellas coronas y de poderosos leones. Frente a este se ubicaba un enorme complejo de construcciones a las que se accedía por una avenida que corría entre dos hileras de altas columnas, cuyos capiteles semejaban los pétalos cerrados de alguna extraña flor. La armonía de las proporciones del conjunto asombró a Cipriano, sin embargo, para Taris fue como sumergirse en la nostalgia y murmuró:

—Por fin, estamos en la antesala de la tierra de los dioses.

Las casas eran de planta cuadrada de uno o dos pisos. Pequeñas ventanas y puertas estrechas   protegían del sol a sus ocupantes. Podían verse algunas fuentes rodeadas de palmeras y gran cantidad de toldos haciendo sombra para refrescar a los numerosos transeúntes.

Al fondo, recortada contra las formaciones rocosas del horizonte, se levantaba el área más bella y enigmática de la ciudad. Un extenso conjunto de tumbas piramidales de dos a tres metros de altura con pequeños pórticos al frente. Se trataba del mítico cementerio de los reyes y las reinas de Meroe.

Taris con ingenio y buen talante obtuvo a manera de préstamo polvos, hierbas, vasijas, morteros y un reducido espacio para plantar una tienda. Era suficiente. Cipriano se encargó del resto. Con paciencia, dedicación y caridad pronto atendían enfermos y hechizados de toda la ciudad.

Entre esos pacientes, había uno en particular que despertaba la curiosidad de los comerciantes. Se trataba de un venerable anciano, ricamente vestido que había llegado desde Alejandría. Su nombre era Teodoro, quien se dedicaba a fabricar toda clase de objetos hermosos, que vendía con muy buenas ganancias en el mercado de Meroe. Él había solicitado a Cipriano y Taris que atendieran a su esposa, quien se encontraba enferma desde mucho tiempo atrás. La noche que fue en busca de ambos, los condujo a través del laberinto de calles bañadas por una luna menguante y pálida. Llegaron a una casa amplia y bien iluminada en su interior por antorchas. Al abrir la puerta, en una amplia sala, podían verse mesas repletas de objetos, herramientas y materiales. Había vasijas de barro, ánforas de cobre, espejos pulidos, peines y broches de marfil, pomos de alabastro con ungüentos perfumados, velas esbeltas de cebo, e incluso, flautas de madera bellamente talladas.

En una habitación contigua, sobre un lecho a la luz de la lámpara de aceite, descansaba una mujer muy joven, de ojos muy negros y tristes, algo pálida y que respiraba con dificultad. Era Selenis, la esposa del anciano comerciante, y se encontraba con fiebre. Los dos amigos hicieron al afligido Teodoro muchas preguntas y también a la pobre enferma. Luego se dirigieron a la habitación que servía de taller y de cocina, y Cipriano preparó una infusión de aromáticas hierbas que ordenó dar a beber a la enferma.

Ofrecieron permanecer con el anciano durante la noche, pues a su edad es mejor cuidar a un enfermo en compañía que en absoluta soledad. Aunque ellos mismos abrigaron dudas sobre la posibilidad de que la joven sobreviviera, al amanecer la fiebre había cedido. El médico y su asistente se retiraron dejando a un esposo exhausto, pero feliz y agradecido.

A partir de ese momento, la relación entre los dos hombres y el anciano se hizo muy estrecha. Pasaban tardes de animosa conversación y en ocasiones acompañaban a Teodoro y Selenis a comer en la casa de ambos; ya que ella era una excelente cocinera.

El anciano les dijo que se habían casado cuando ella era muy joven y él ya era un hombre mayor. Selenis y su primer marido viajaban desde Malta hacía Alejandría cuando habían sido asaltados por tratantes de esclavos que abundaban en el Mediterráneo. El joven fue asesinado y ella se convirtió en esclava. Teodoro la compró en uno de los viajes que había hecho a Axum y le había dado el rango de esposa. Ahora era su agradecida compañera y él vivía solo para ella. Taris no pudo evitar pensar en que bien podía ser esta situación la causa oculta de la enfermedad que padecía la mujer.

Los meses se sucedían y Cipriano no lograba saber cosa alguna sobre Bilquis. Sus sortilegios para conocer el paradero de ellas eran inútiles y la Gran Madre guardaba silencio.

El médico preguntó a Teodoro si sabía algo sobre la mujer que él buscaba. Este pareció meditar la respuesta. –Hay rumores de que años atrás llegó desde el sur una hermosa mujer de piel oscura, a quien todos relacionaron con la dinastía de las Candases, las reinas de la época dorada en la historia de Meroe. Venía acompañada de una niña e incluso se decía que se proponía destronar al rey meroita.

Pero no fue así, la mujer y su séquito continuaron hacia el norte a la isla de Filé, pues fue cerca de ahí que se le vio por última vez. Pero eran solo eso, rumores.

Ese mismo día Teodoro les solicitó que cuidasen de su taller y de Selenis, pues debía ausentarse varias semanas para dirigirse a Axum, atender un asunto que exigía su presencia. Ellos aceptaron con agrado.

Cipriano se concentró en preparar el viaje a Filé, supuesto destino de Bilquis, atender a los enfermos y realizar las ventas de los preciosos artículos de Teodoro. Sin embargo, Taris estaba luchado contra un sentimiento que había surgido en su interior desde la primera vez que vio el rostro enfermo de Selenis. Él no podía apartar la imagen de la joven de su mente, aun cuando decidió reducir al mínimo las visitas a la casa del buen Teodoro y excusarse de mil formas para no acompañar a su amigo.

Una mañana el sol salía lentamente, despertando a la feliz Meroe y sus habitantes. Cipriano atendía a un niño convaleciente en la casa de los padres de este y Taris debía llevar la cantidad de monedas correspondiente a la venta de la mercancía de Teodoro, como hacían puntualmente cada siete días. Dio mil y una excusas y argumentó que estaba muy ocupado, pero no fue escuchado y algo molesto se dirigió a la casa del anciano.

Había planeado entregar las monedas al esclavo que abriese. Sin embargo, al llamar, nadie respondió. Alarmado, empujó suavemente la puerta y preguntó a Selenis si se encontraba ahí. Ella respondió con una voz débil. Al precipitarse en la habitación, Taris se encontró con la mujer sobre la cama. Bajo la luz de la mañana, resplandecía su cabello negro y su cuerpo brillaba desnudo y suave. Ella abrió apenas los labios y tendió sus brazos a Taris, quien sin pensarlo dos veces se despojó de sus ropas y se acomodó junto ese urgido cuerpo femenino palpitante. Era después de mediodía cuando el comerciante regresó a la tienda sintiéndose terriblemente culpable, pero a la vez, inmensamente feliz.

A partir de entonces, Taris aguardaba impacientemente que transcurrieran los siete días necesarios para volver a ver a Selenis.

Toda fecha ha de cumplirse y una tarde, avistaron los habitantes de Meroe la caravana que regresaba de Axum. Para Taris esto complicaba su vida y lo hundía en el desasosiego y la tristeza. Le enfurecía imaginar a su Selenis en los brazos del esposo de esta y deseaba ahora sí, partir cuanto antes de Meroe acompañando a Cipriano pues comprendía que, por el bien de la joven, debían ambos olvidar para siempre sus encuentros.

Todo parecía volver a la normalidad, hasta que una noche, alguien despertó al hechicero y su amigo, llamando con fuertes golpes a la puerta. Pensaron que se trataría de algún enfermo grave, pero no, se equivocaban. Era Teodoro furioso, como nunca se le había visto antes. Sin previo aviso se arrojó contra Taris tratando de herirlo con una daga. Cipriano lo sujetó, no sin dificultad.

—¡Traidor, mal amigo, rata! Estos y otros insultos más terribles profería, arrojando chispas por los ojos y espuma por la boca.

—¡Confié en ti y ahora esa perra está esperando un hijo tuyo! ¡Pero no se burlarán de mí! Falsos amigos. ¡Cobardes!

Ante estas palabras, Taris sintió que el corazón salía de su pecho, no sabía si por miedo o por alegría. Pero quien sí sabía ahora de golpe y con claridad qué estaba pasando era Cipriano.

Con un último esfuerzo sentó en un banco al iracundo Teodoro y se disponía a intentar calmarlo, cuando volvieron a llamar a la puerta. Esta vez con mayor furia e insistencia y a los pocos segundos, irrumpieron en la habitación un grupo de soldados del rey, con sus espadas y lanzas en mano.

—¿No dijiste que yo era un cobarde, Teodoro? —dijo enojado Taris—. ¿Era necesario que vinieran los hombres del rey contigo?

—Yo no los traje —contestó el interpelado casi en un murmullo, dejando de lado su furia y dando súbitamente paso al temor.

—En nombre del rey de Meroe, deben acompañarnos —agregó uno de los soldados.

—No hemos hecho mal alguno —respondió Cipriano.

Pero nadie dio explicaciones y a empujones fueron conducidos al palacio, en medio de la noche y rodeados de guardias reales.

Los encerraron en una habitación en la más absoluta oscuridad.

En medio de las sombras surgió una flama que dejó en el aire un olor acre, luego al acercase a un trozo de tela de la túnica de Cipriano, se convirtió en una antorcha.

—¡Así! ¡Así es mejor, porque podré matar a esa serpiente! —exclamó Teodoro dispuesto a lanzarse una vez más contra Taris.

Cipriano intervino, pero como era realmente complicado sostener la antorcha y detener al ofendido esposo, optó por propinarle un golpe que le devolvió la cordura y lo obligó a sentarse en el suelo, el cual descubrieron con horror, estaba cubierto de huesos humanos y alimañas que se paseaban entre estos.

—No es el momento, Teodoro. Ya habrá tiempo para arreglar este enojoso asunto —dijo mirando con encono a Taris, quien abrió la boca y se quedó con ella abierta, pues no podía decir cosa alguna en su defensa.

Trataban de descubrir cuál era la causa de su detención, cuando la única puerta de la inmunda mazmorra se abrió y aparecieron nuevamente guardias que los condujeron a la sala del rey, que era amplia e iluminada por antorchas, pues en las afueras ya había anochecido.

El monarca de Meroe era un hombre corpulento, de piel muy oscura y brillante. Llevaba la cabeza rapada, una túnica blanca y brazaletes de oro. Su sola presencia imponía un profundo respeto y no dirigió siquiera la mirada a los cautivos.

Un anciano de notable elegancia, que parecía ser algo así como un regente, se dirigió a los angustiados prisioneros:

—Ustedes llegaron a Meroe y se les brindó un lugar para vivir y prosperar. Pero han correspondido mal. Se ha sabido que vienen como espías del rey Ezana, de Axum, quien pretende conquistar nuestro territorio.

—Nada tenemos que ver con Ezana —afirmó Taris que era nuevamente acusado de traidor, aunque en esta ocasión, era inocente.

—¿No fueron acaso ustedes quienes sanaron a uno de sus hombres de confianza, ese que le ha enseñado la nueva religión que pretende imponernos al conquistarnos?

—¡No se trata solo de una religión! Se trata de la verdadera religión. ¡De esa que les permitirá salvar sus almas! —Exclamó Teodoro con convicción—. Luego comprendió que había hablado muy precipitadamente.

El monarca hizo una señal a sus soldados que los prisioneros no tuvieron dificultad en interpretar.

No había qué hacer. En silencio, entre la sorpresa de Cipriano y las maldiciones de Taris, Teodoro bajó humildemente la cabeza y empezó a orar.

—Muero por ti, Señor. Por mi ánimo de que tu fe se extienda.

—Mueres por insensato y haces que también muramos nosotros —le dijo Taris con rabia.

El anciano lo miró a los ojos y se limitó a decir: —Te perdono y a ella también la perdono.

Taris guardó silencio y se preparó también a morir asaetado por las lanzas de los soldados, en uno de los patios del palacio.

—Déjanos decir nuestras últimas plegarias. —Suplicó Cipriano.— Así moriremos en paz con nuestros dioses.

El hombre que era el consejero principal del rey, accedió y acto seguido, el hechicero pidió en voz baja a los otros dos condenados que se arrodillaran y empezó a cantar. La melodía era lenta, subía y bajaba de tono como las olas del mar o como el viento entre los árboles. El extraño canto fluía reverberando en los muros y parecía surgir de las losas del propio piso. Aunque las palabras eran desconocidas su sonido penetraba todo alrededor, las cosas y los sentidos de los hombres...

Cuando Taris y Teodoro recuperaron la consciencia, como si hubieran despertado de un sueño, estaban fuera de la ciudad ocultos entre las tumbas del cementerio de los reyes y reinas de Meroe. Habían presenciado el origen de la leyenda del canto del desierto, que en la ciudad perduraría por mucho tiempo.

—¿Qué sucedió, Cipriano? —preguntó Taris confundido.

—¡Es hechicería! -acusó el viejo.

—No, Teodoro. Es un canto que adormece. El rey y su corte no pudieron resistir el sueño, ni ustedes tampoco. Cuando todos roncaban los saqué del palacio y los traje en esa carreta de ahí afuera.

Luego de descansar un poco, decidieron que era necesario regresar por Selenis y todos los bienes que pudieran, de modo que tuvieran la posibilidad de dirigirse a Filé y luego hacia el norte, siguiendo el río sagrado.

Aguardaron a la noche y en la oscuridad absoluta llegaron a casa de Teodoro y conminaron a Selenis a seguirlos. Tomaron los bienes que pudieron llevar, haciendo lo mismo en casa de Cipriano, donde rescataron gran cantidad de medicinas y emprendieron juntos la huida en medio de un desagradable silencio.

Conducidos por el anciano llegaron luego de varios días de camino a un valle desolado donde podían verse un buen número de cuevas. Este era el momento de separarse.

Mientras distribuían los alimentos y empacaban los bienes, Cipriano sacó un momento la efigie de la Antigua Madre. Selenis al verla, cayó de rodillas conmovida.

—No te había visto, Madre, desde que salí de mi amada isla... —y se quedó en silencio, mientras gruesas lágrimas resbalaban por su cara.

Pero este hermoso instante duró muy poco, pues Teodoro presa de la furia, se lanzó contra la estatuilla.

—¡Es un ídolo del mal! ¡Una afrenta contra el padre! –Pero antes de que pudiera apoderarse de ella, Cipriano lo contuvo con fuerza y lo sometió, obligándolo a permanecer recostado sobre el suelo.

—Dime, de una vez Teodoro ¿qué fuiste a hacer a Axum? Delataste nuestra presencia al rey Ezana. —Habla o conocerás el poder de mi magia del que creo, ya tienes una idea.

Teodoro asintió con un leve movimiento de cabeza.

—No pueden gobernar todo lo que existe dos fuerzas iguales... No –dijo el anciano con vehemencia.— El reinado de ella terminó, para que pueda existir el reinado de él. Todos aquellos que la protegen deben desaparecer al igual que sus perversas sacerdotisas.

—¿No les enseñó el maestro el amor y la tolerancia? -preguntó Taris.

—Para que su mensaje florezca debemos destruir el mal de la idolatría.

—¿Y por eso asesinaron a mis padres? —rugió Cipriano fuera de sí.

—¿Tus padres? -dijo Teodoro sorprendido.

—Sí. Mitradis, el médico de Antioquía, y su esposa, mi madre.

—No. Los que aniquilamos idolatrías no hicimos eso.— La mirada de Teodoro era sincera. La ira de mago disminuyó dando paso a la confusión.

El anciano continuó, como si hablara para sí: —Debemos temer a la hembra, no permitir que domine al varón... ¡Mírame ahora! Ve cómo yo salvé a esta mujer, pues no era una simple esclava. No. Era sacerdotisa de esa monstruosidad que llaman la Gran Madre. Yo soborné a sus captores y la rescaté. ¿Para qué? ¿Para qué me traicionara y se burlara de mí?

—No, Teodoro. No la salvaste por piedad. Lo hiciste para cobrar, a tu manera, un costoso rescate. Su cuerpo y su libertad.

Taris concluyó con estas terribles palabras, mientras Teodoro lloraba desconsolado. Los dos amigos y la joven tomaron sus cosas y emprendieron su camino. En poco tiempo alguna caravana rescataría al anciano y lo llevaría tal vez a Axum, con su amigo el monarca de ese reino o de vuelta a su natal Alejandría.

XVI

La niña de la tierra oscura

Muchos días caminaron hacia el norte por la orilla del río sagrado. Bajo el sol descansaban los cocodrilos de espaldas rugosas y en el agua los hipopótamos abrían sus enormes hocicos. Barcas veloces se deslizaban sobre la corriente y a lo largo de la rivera se extendían campos inmensos de trigo y populosas aldeas. En cada una de ellas se detenían a comerciar con lo que habían logrado rescatar al escapar de Meroe y a indagar sobre el paso de Bilquis y la niña en su camino hacia Filé.

El parto de Selenis se adelantó y fue necesario hacer un alto en el camino, en la pequeña Ikkur. Ese día a los primeros rayos del sol, Taris pudo escuchar el llanto de un niño de salud muy frágil. El estado de la madre era delicado y por no prolongar el tiempo de espera de Cipriano para encontrar a su querida Bilquis y a la niña, Taris le propuso repartir los bienes de modo que el nuevo padre y su familia pudieran quedarse ahí y Cipriano continuara su camino.

Este dejó atrás con profundo pesar a sus amigos, al recién nacido y se dirigió a la isla de Filé, donde aún se adoraba a Isis mientras sus sacerdotisas preservaban los misterios originales de la diosa.

El sol se hallaba en su punto más alto cuando el hechicero sintiendo una opresión en el pecho, desembarcaba frente a una de las entradas al magnifico templo de Ast. No tenía idea alguna de lo que debía hacer o decir, o a quién dirigirse, solo pensaba en el momento en que pudiera ver por fin, después de tanto tiempo a la mujer que amaba y a su hija.

Varias mujeres salieron a su encuentro y la más anciana de ellas le interrogó:

191

—¿Quién eres y qué buscas aquí?

—Soy Cipriano de Antioquía. Vengo en busca de Bilquis, a quien amo, y de nuestra hija — la mujer guardó silencio.

Por un momento él sintió que el suelo se abría a sus pies, pero luego, recuperando sus fuerzas contestó.

—Dicen en Meroe que fue aquí donde la vieron por última vez.

—¿Cómo podemos saber que no mientes y no eres un enemigo?

El hechicero mostró la sagrada estatuilla de la Gran Madre y la llevó a la altura de su corazón.

Todas las presentes se postraron de rodillas en un silencio tan profundo que solamente se escuchaba el rumor de las aguas del río.

—La mujer que buscas no está aquí, pero nos anunció que vendrías. Te esperábamos —dijo con amabilidad la vieja sacerdotisa.

Del interior del templo surgieron dos filas de mujeres vestidas de blanco y tocadas con el disco sagrado. Al lado de una de ellas apareció una niña de piel oscura y hermosa, de grandes ojos negros, quien llevaba en brazos a modo de muñeca, la estatuilla que Cipriano fabricara años atrás, cuando intentó engañar a Bilquis para escapar de ella.

Los ojos del hechicero se llenaron de lágrimas. En cambio, la niña lo miró solo con curiosidad.

La mujer que aparentaba mayor edad le dijo: —Cuida de ella y protégela como hasta ahora has hecho con la sagrada efigie.

—Pero... su madre... Bilquis... ¿Dónde está?

—Hechicero, ella no está aquí. La dejó a nuestro cuidado para protegerla de las amenazas del reino que está de este lado del velo... y de los reinos que están del otro.

La anciana miró a la niña y le dijo —Kemi, ve con tu padre. Él te cuidará y nunca olvides lo que has aprendido aquí. Él también te enseñará muchas cosas.

—Y te amaré y procuraré que seas feliz —dijo el mago conmovido.

—Así sea —dijo la anciana. Ahora continúa tu camino hacia el mar. No regreses sobre tus pasos hasta que hayas cumplido la promesa hecha a los tuyos y puedas descansar.

La niña miró con tristeza a las mujeres y al hermoso templo, pero no se resistió y obediente se dejó conducir por su padre, un hombre lleno de alegría y de dudas ante el futuro y el gran reto de conquistar el cariño de su hija.

Los días transcurrieron, pero Kemi no hablaba con Cipriano, aunque lo escuchaba atentamente. Él decidió seguir las márgenes del Nilo disponiendo del tiempo suficiente para buscar información sobre el destino de Bilquis. Fue así que llegaron a Tebas, cuyos fastuosos templos y pasada gloria la hacían famosa.

En esta ocasión no plantó su tienda en el mercado. Ahora alquiló una pequeña casa donde su hija estuviera cómoda.

Se trataba de una construcción de varias piezas, una detrás de otra, confortable y fresca en lo posible.

Mientras Cipriano acomodaba algunas mesas y bancos e instalaba sus pertenencias en las habitaciones de ambos, la niña jugaba en un pequeño patio. Súbitamente la escuchó gritar, angustiada. Alarmado corrió a ver cómo un escarabajo pellizcaba un dedito de Kemi.

Cipriano sacudió al animal lanzándole lejos. La niña le sonrió con profunda gratitud y él la abrazó emocionado. Poco después la vio corretear por la casa y buscar entre las cosas aún en desorden, hasta encontrar al bicho que la había herido para pisarlo y hacerlo papilla.

—Hija, no era necesario. Ese animal no sabía lo que hacía.

—Es que también podía picarte a ti —dijo la niña con convicción.

Los días transcurrieron apacibles. Ahora sus horas estaban llenas de alegría. Si bien la niña al principio era callada y recelosa, se había vuelto conversadora y animada.

El hechicero comenzó la educación de su hija poco a poco. Revelándole sutil y tiernamente su antiguo saber, tal como lo había hecho su padre con él. Al mismo tiempo la iniciaba en el culto de la Gran Madre. Propiciando el encuentro de la pequeña con ese gran poder, como lo viviera él a la orilla del mar en la lejana Antioquía, caminando de la mano de Areté.

Por su parte la niña compartía con él sus recuerdos de lo vivido en la isla de Filé. Era feliz entonces, corriendo por los patios y entre las columnas. Sabía los cantos y las oraciones a Isis y los ritos paso a paso. En ocasiones y a modo de juego los representaba ante su arrobado padre que no se cansaba de verla actuar como pequeña sacerdotisa.

La niña prestaba atención a todo lo que su padre le enseñaba: preparar brebajes y ungüentos con hierbas y minerales, resucitar pequeños bichos, sentir a la Gran Madre en todas las cosas vivas. Kemi mostraba inteligencia y gran disposición para adquirir nuevos conocimientos.

En cierta ocasión en que Kemi salió a ver cómo jugaban unos niños, tropezó y cayó. Algunos de ellos empezaron a burlarse de ella y a arrojarle puños de tierra solo para divertirse. La pequeña sentía cómo sus ojos se llenaban de lágrimas y su corazón de ira. Una ira que iba creciendo hasta oprimir su garganta. Súbitamente una ráfaga de viento levantó una gran cantidad de arena que se metió en los ojos, la nariz y la boca de los burlones impidiéndoles respirar.

Los niños tosían angustiados y trataban de protegerse de las ráfagas de arena y viento que los sacudían. Corrieron a sus casas y todo cesó, volviendo a la normalidad. En la callejuela solo quedó la niña tranquilamente sentada con sus piernas recogidas, los bracitos alrededor de sus rodillas mirando al horizonte con un sentimiento de satisfacción reflejado en sus ojos.

La ciudad de Tebas era esplendorosa. Construida como otras a orillas del gran Nilo, estaba rodeada de campos cultivados de trigo y mijo. Aunque ya no era el rico centro religioso y comercial que fuera siglos atrás, aún sus templos y palacios de granito rosado y sus estatuas de basalto le daban un aspecto majestuoso.

La casa de Cipriano y su hija estaba situada cerca de la gran plaza. La habitación que daba a la calle era ocupada para atender a los enfermos. Dos habitaciones más servían de dormitorios, un patio y al fondo una cocina con una puerta que daba a una calle trasera. Aunque la vivienda era agradable, era también un poco oscura por su distribución y esto hacía que fuera un problema para Kemi buscar las cosas que necesitaba o hacer las tareas que le pedía su padre, quien le estaba enseñando a hablar y leer en diversos idiomas. En esto meditaba la pequeña cuando él la invitó para que lo acompañara al puerto a comprar ingredientes para sus medicamentos.

Para Kemi no había mejor experiencia que pasear por la ciudad de la mano de su padre. Ya no recordaba el rostro de su madre. La niña había entendido que todo lo que tenía en el mundo era a Cipriano. Instintivamente apretó la mano de este.

El hechicero sintió la suave opresión de la manecita y pensó en el giro que había dado su existencia. Si bien no olvidaba a Bilquis, la presencia de la niña hacía mucho menos dolorosa la ausencia de la mujer amada y le daba sentido a su vida. Un sentido más profundo que el concedido a cumplir la promesa hecha a sus padres acerca de la estatuilla que siempre colgaba de su cintura.

Tebas estaba habitada por familias que procedían de muchos lugares, con costumbres diversas, lenguas propias y creencias variadas. Los espléndidos templos erigidos en honor de antiguos dioses del Nilo, eran compartidos por estos con dioses griegos y sus pares romanos. También había muchos santuarios que ahora eran ocupados por coptos que eran cristianos egipcios, cuyo número aumentaba desde que Constantino declarara libertad de cultos en el Imperio Romano.

Al pasar frente a un imponente aunque desolado templo, Kemi soltó su mano y entró corriendo muy contenta por la calzada que más allá de los muros conducía a la entrada de la sagrada construcción.

Cipriano se lanzó sorprendido tras ella, pero no logró darle alcance. Kemi entró como una exhalación y se perdió entre las columnas del pórtico que rodeaban un inmenso patio central. Aunque dos centinelas que custodiaban el templo corrieron tras la niña, no pudieron encontrarla.

El padre, aterrado por la suerte de su hija que de manera tan imprudente había invadido ese espacio, solicitó autorización para entrar y estaba a punto de hacerlo por la fuerza, cuando un hombre anciano que portaba un bastón sagrado indicó a los guardianes que permitieran el paso al atribulado padre.

Ambos acompañados de varios hombres, iniciaron la búsqueda y finalmente dieron con la niña que en silencio y de rodillas, contemplaba una estatuilla de Isis amamantando amorosa a su hijo entre sus brazos.

Ya iba el hechicero a llamarla cuando el hombre que era uno de los sacerdotes del templo, lo detuvo y le pidió que no hiciera ruido alguno. Largo tiempo estuvo Kemi contemplando la efigie. Finalmente se puso de pie, hizo una profunda reverencia ante el anciano y tomó la mano de su padre. Una vez escoltados hasta el exterior, el padre se dirigió al sacerdote:

—Disculpe a mi hija, es aún muy pequeña.

—Es una sacerdotisa de Isis, o al menos se estaba preparando para serlo. Lo que ha hecho no es una travesura, es un acto de devoción. Uno de esos actos que son cada vez menos frecuentes, tristemente en estos días, —y suspiró con desaliento.

Ya en el exterior Cipriano obsequió con un buen regaño a Kemi, quien haciendo un adorable mohín como si estuviera a punto de llorar, dijo:

—Pero padre, entré ahí por algo que tú necesitas y yo también.

—¿Qué es eso que necesitamos tanto?

—Luz —dijo compungida la pequeña mientras extraía de entre sus ropas un vaso sagrado para encender fuego en honor de Isis.

Cipriano se quedó atónito y dijo molesto —¡Pero si nosotros tenemos velas de cebo y vasos para el fuego!

—Sí, padre, pero el fuego en estos vasos dura para siempre y este me lo regaló la diosa.

—¿Cómo sabes que ella te lo regaló, Kemi? —preguntó el mago contrariado, pero sin poder contener la risa ante tal argumento.

—Ella me cuidaba en el templo y mis hermanas me decían que todo lo bueno, todo lo que nos hace felices, es regalo de la diosa y podemos acudir a ella si necesitamos algo. Ella es una madre generosa que sí quiere cuidarme.

Ante tal muestra de fe y de oculto pesar, el hechicero no pudo responder. Ya él haría llegar dos vasos magníficos al templo como compensación del hurto. No podía, sin embargo, hacerle llegar a la niña una madre en compensación de la ausente.

Otro asunto tuvo ocupados a ambos, pues frente a la casa de Cipriano se había mudado un hombre de origen judío. Se llamaba Simón de Samaria. Llegó con una gran cantidad de cajas en las que Kemi pudo ver pergaminos y más pergaminos. Había además sacos con herramientas y cofres de todos tamaños.

La curiosa niña no perdió detalle de lo que sucedía frente a su casa y aprovechó un descuido del nuevo vecino para acercarse a la puerta de este y echar un vistazo. La voz del hombre la sorprendió:

—¿Qué haces aquí, niña?

La chiquilla, en vez de huir, vio la oportunidad para averiguar de qué se trataba todo aquello.

—Estoy mirando tus pertenencias —dijo con naturalidad exenta de insolencia, mientras le miraba a los ojos muy por encima de su cabeza.

—¿Y no te han dicho que la curiosidad no es cosa buena y menos si para satisfacerla entras en una casa ajena?

—Quiero saber sobre estas cosas y si no te lo pregunto nunca me voy a enterar. Tú puedes hacer dos cosas: echarme de aquí y luego ver cómo te observo hasta saber más de ti o decirme de qué tratan tus libros y para qué utilizas tus herramientas, y entonces te dejaré en paz.

Simón de Samaria pensó que la niña podía convertirse en un verdadero dolor de cabeza y procedió a desempacar sus bienes, mientras le explicaba que él era un orfebre. Fabricaba joyas y también era estudioso de los asuntos de la naturaleza y de los hombres.

Kemi se sentó junto a la puerta a escucharlo atentamente. Fue en donde la encontró su padre, que apareció visiblemente preocupado.

—Espero que no lo haya importunado mi hija.

—En realidad sí lo hizo.

—Será mejor que la lleve conmigo.

—Sí, así lo creo —dijo el orfebre.

—Vendré luego, señor, —respondió la niña a Simón, como si se despidiera de un nuevo amigo.

El joyero miró al padre y a la hija alejarse y comprendió que no sería fácil deshacerse de su pequeña e imprudente vecina.

Ya en casa, cuando la niña fue cuestionada por su padre acerca de su falta de educación al molestar a un desconocido, a pesar de que él siempre le había hablado del riesgo que eso implicaba, lo miró con sus enormes ojos oscuros y le dijo con seriedad.

-Simón debe venir de muy lejos. Debe saber muchas cosas, incluso, debe saber dónde está mi madre. Tú, aunque eres un mago, no has podido encontrarla. ¿Sabes por qué?

Cipriano negó con un movimiento de cabeza.

—Porque tal vez se perdió y no sabe el camino para encontrarnos. Si llegamos a saber dónde está, podremos ir por ella. Simón se ve que ha viajado. Un día de estos le preguntaré si la ha visto.

El padre la miró en silenció y la acercó a él con ternura.

Con frecuencia, Kemi, con autorización del orfebre o sin ella, permanecía largo tiempo observando cómo las hábiles manos de aquel hombre engarzaban esmeraldas de las minas del desierto, perlas de las profundidades del mar y rubíes de lejanas tierras de oriente en oro o plata primorosamente trabajados y se convertían en collares, pulseras, pendientes y broches espléndidos.

También tuvo oportunidad de curiosear entre los rollos de papiro y piel que el anciano guardaba escritos en hebreo, griego, latín, persa e, incluso, en la antigua escritura egipcia. Aún no los podía leer, pero llamaban su infantil interés.

—Aquí hay muchas cosas que toda la gente debería saber, Simón. ¿Por qué no se los mostramos a otros?

—Primero, pequeña salamandra, porque no quiero mi taller lleno de chicos y luego porque no todas las personas quieren saber estas cosas.

—No te creo. Aquí debe haber cosas interesantes para muchas personas.

—Guarda silencio, Kemi —la amonestó el hombre con severidad—. Nadie debe saber sobre estos rollos. Ha ido creciendo un grupo de gente que no quiere saber sobre el conocimiento escrito en esos papiros. Incluso, podrían destruirlos si saben de su existencia. Estos rollos han viajado conmigo desde tierras muy lejanas y yo soy quien los protege.

—Entonces fingiré que nunca los he visto, —dijo preocupada y convencida.

No había transcurrido mucho tiempo, cuando una mañana en la que Kemi se dirigía a la casa de Simón llevando pan de dátiles y miel, escuchó al orfebre reconvenir a alguien en voz alta. Como respuesta, salía por la puerta riendo divertida una chiquilla, probablemente de la edad de Kemi, con abundante cabellera oscura y ojos enormes.

—¿Quién eres? Yo soy Kemi.

La niña se detuvo y esperó para recuperar el aliento. Soy Reba. Simón de Samaria es mi tío; ahora voy a vivir con él.

—¿Lo has hecho enfadar?

—Es un gruñón. Se molesta porque juego con sus cosas. Siempre fue así. Lo único que lamento es que ha olvidado darme desayuno.

—Pídelo a alguna de tus esclavas.

—Mi tío no tiene esclavas. Prefiere hacerlo todo él, porque no le permiten tener esclavas cristianas y no quiere comprar esclavas judías. Mucho menos en esta tierra donde fuimos esclavos hace mucho, mucho, mucho tiempo.

—Ven, Reba. Aquí tengo algo para comer. Sentémonos bajo esta palmera.

Así se enteró Kemi de que Reba había llegado el día anterior en compañía de su abuela Hannah, hermana de Simón. Hannah había cuidado de la niña desde muy pequeña, cuando sus padres murieron debido a una terrible enfermedad que diezmara la aldea en que vivían.

—Mi abuela no está en casa. Fue a comprar cacharros para cocinar porque los que tiene mi tío ya están muy muy muy viejos.

La mañana era luminosa, las voces de la ciudad llenaban el aire. Las niñas conversaban sobre sus respectivas familias, Kemi cayó en la cuenta de que era la primera vez en su corta vida que podía hablar con otra niña. Una niña como ella y aspiró hondo, como si a través de su nariz pudiera hacerse de la perfecta armonía de ese momento. El momento en que se revelaba ante ella la maravilla de la amistad.

Las niñas se volvieron inseparables y esto significó un descanso para Simón, quien ahora quedaba libre de la presencia de ambas en su taller. Las amigas se dedicaban a pasear por el vecindario vigiladas por las esclavas de Cipriano y a enterarse de lo que sucedía a su alrededor. Fue así que un día vieron cómo llegaba a una de las casas de su calle una gran cantidad de porteadores llevando todo tipo de muebles, tapices y objetos. Introducían sus cargas y se marchaban. Mirando a través de una de las estrechas ventanas descubrieron a una familia, compuesta por el padre, la madre, dos jovencitos y una chiquilla, un poco menor que ellas. Estaban observando muy atentas lo que sucedía dentro, cuando sintieron que algo blanco y polvoso se metía por sus ojos, su boca y su nariz. ¡Era harina! Dentro, la niña lanzó una sonora y maligna carcajada.

—Tomen eso, ¡entrometidas! —dijo la chiquilla en una

lengua que Reba no comprendió, pues hasta entonces ella y su amiga se comunicaban en griego.

Unos instantes después, la madre de la niña recién llegada amonestaba a su hija por haber arrojado la suave y fresca harina en la cara de las niñas, pero sobre todo, por desperdiciar tan preciado producto.

—¿Ahora quién debe reír? —gritó Kemi en la lengua de los habitantes del Nilo y se alejó del brazo de Reba para lavarse la cara y sacudir sus túnicas de lino.

Días después, mientras las dos amigas aguardaban sentadas bajo su palmera favorita a que una esclava de Cipriano, Nadir, la más querida por Kemi, terminara de discutir con el vendedor de pescado, escucharon los gritos desesperados de una niña pidiendo auxilio y vieron pasar corriendo a la nueva vecina y a sus hermanos seguidos por una turba de niños que les arrojaban pelotas hechas de lodo y excremento de camello. Las víctimas trataban de defenderse, a su vez recogían los húmedos proyectiles y se los devolvían a sus perseguidores. Kemi bostezó indiferente y se puso de pie invitando a Reba a hacer lo mismo, pues Nadir había terminado su charla con el vendedor. Súbitamente los pequeños acosadores se detuvieron al verla, dieron media vuelta e iniciaron la huida.

—¡Los hemos hecho correr! —gritaban jubilosos los dos jovencitos.

—No. Ha sido ella —dijo la niña señalando a Kemi—. Huyeron cuando se puso de pie.

—¡Claro que no! —contestaron molestos sus hermanos y se alejaron.

Reba y la chiquilla miraron a Kemi, aguardando una explicación. Ella recordó entonces que varios de los chicos eran aquellos que, siendo más pequeña, habían intentado divertirse a costa suya y a los que había hecho comer una buena cantidad de arena.

Kemi guardó silencio, pues temía que, si les contaba lo sucedido, se alejarían de ella. Reba esperaba que su amiga dijera algo y la niña recién llegada dio un paso adelante, le sonrió y dijo simplemente: Gracias, primero en lengua egipcia y luego en griego, por si no hubiera sido comprendida.

Reba respondió: —Mira, yo soy Reba y ella es Kemi.

—Mi nombre es Hereret —y sus negros ojos brillaron dando luz a su rostro tostado por el sol.

De camino a sus respectivos hogares, Hereret les dijo que sus padres pretendían instalar una tienda de telas y por eso se habían mudado a esa área de la ciudad en que vivían los comerciantes.

—Así mi papá será más feliz y nosotros también.

—¿Más feliz? —preguntó Reba.

—Sí. A él no le gusta mucho lo que hace —dijo guardando un largo silencio y luego concluyó en voz muy baja.— Él ayuda a cobrar impuestos.

Eso explicaba el ataque de los chiquillos. Los funcionarios menores que sin ser romanos ayudaban a estos en tan desagradable, pero necesaria tarea, no eran muy apreciados entre sus paisanos; sin embargo, la reacción de las niñas no fue la temida por Hereret.

—Bueno —comentó Kemi pensativa.— Nosotros hemos venido desde el sur y muchas personas nos miran con desconfianza, a pesar de que mi padre los ha curado de enfermedades terribles y los ha librado de hechizos malignos también.

—Mi familia viene de una tierra lejana y tampoco nos miran muy bien, dijo Reba.

Finalmente, las tres se marcharon juntas a la casa de Kemi, seguidas por Nadir.

Aún no transcurría un año desde que las tres niñas tenían la fortuna de haber iniciado su amistad. Una tarde del mes en que las aguas del Nilo empezaban a retirarse dejando su regalo de fecundidad en las márgenes, llegó un hombre angustiado a solicitar los servicios de Cipriano para atender a su esposa que se encontraba con fiebre. Este le siguió hasta una hermosa casa que se encontraba cerca de ahí. Se trataba de una familia romana. Antulio el padre, comerciaba con aceite de oliva que traía a lo largo del río, desde los huertos que rodeaban las villas costeras del Mediterráneo. Su esposa Niobe, era una agraciada griega a la que amaba profundamente y que acababa de dar a luz en un parto que se había complicado. El niño había muerto y todo indicaba que a la madre le sucedería lo mismo. Al llegar hasta la alcoba de la mujer, Cipriano vio que junto a la cama de esta, se encontraba de pie y llorosa una niña un poco menor que Kemi, con cabellos castaños y ojos tristes.

Sin pérdida de tiempo, el médico ordenó el aseo de la enferma y le administró una serie de remedios preparados con hierbas que hizo traer de su casa. Permaneció junto a la afiebrada mujer. La alta temperatura cedió por fin y el amanecer sorprendió a Niobe dormida tranquilamente.

Kemi que había acompañado a su padre, se conmovió por la tristeza de la niña, se acercó a ella iniciando una relación que se transformó pronto en amistad y poco después la presentó con Reba y Hereret. La nueva amiga se llamaba Valeria. Había nacido en Constantinopla y su madre era cristiana.

Desde entonces era frecuente ver a las cuatro chiquillas conversando, riendo o devorando pasteles de miel y frutos secos en casa de cualquiera de ellas. Al caer la tarde se despedían para volver a encontrarse en cuanto hubieran terminado las tareas que, como mujeres pequeñas que eran, se les asignaban.

Entre estas responsabilidades cada una debía aprender a coser sus ropas y las de sus familias con lana, algodón, lino y cuando fueran un poco mayores, confeccionarían sus vestidos con coloridas sedas traídas del lejano oriente. Debían aprender a cocinar, a dar órdenes a los esclavos y si era necesario, hacer ellas mismas las compras. Lo que resultaba más importante era ayudar a sus mayores a preparar las ofrendas para las divinidades de cada hogar. Reba ya sabía elaborar el pan sin levadura, Hereret tejía las coronas de flores o quemaba el incienso para cada dios o diosa del Nilo que se requiriera. Kemi adornaba el altar con ofrendas destinadas a la Antigua Madre y Valeria auxiliaba en los obsequios a los dioses tutelares de su padre y a la vez oraba a diario junto a su madre al Dios de los cristianos y a su hijo Jesús. Antulio no participaba del credo de su mujer, pero no se oponía a este, ni a que su hija fuese también cristiana.

Muy diferente era la situación tratándose de Régulo, su pequeño hijo de cuatro años, a quien dedicaba mucho de su tiempo para convertirlo en un cabal ciudadano de Roma, el imperio que poco a poco se desdibujaba incluso en la conciencia de sus ciudadanos.

La luna aparecía reflejándose en las aguas del río sagrado. Kemi había depositado la leche y el vino en el altar y se preparaba para dormir. Cipriano aún leía uno de los rollos que acababa de recibir de manos de Simón, cuando escucharon gritos desesperados. ¡La casa del orfebre, frente a la de ellos, ardía! Los esclavos trataban de apagar las llamas, formados en fila y pasando de mano en mano enormes vasijas que iban a llenarse en el pozo del sector de comerciantes. Los vecinos acudieron a palear tierra para sofocar las llamas que podían alcanzar sus propias viviendas.

Fuera, Hannah y Reba gritaban aterradas, pues Simón había quedado atrapado adentro. Sin perder un minuto, Cipriano se cubrió el cuerpo con una cobija de gruesa lana empapada en agua y penetró en la vivienda, al mismo tiempo que invocaba a la Gran Madre para que cerrara sus fosas nasales y su garganta, y para que sus ojos se hicieran insensibles al humo. El mago se volvió uno con el fuego primordial y su carne ahora era como la piedra. Él era como la salamandra, resistente al fuego.

A poco descubrió el cuerpo de su amigo que yacía inconsciente. Lo tomó en brazos y lo sacó de entre las llamas. Lo llevó a su casa y procedió a atender sus quemaduras y a ayudarlo a ingerir un bebedizo muy benéfico para estos casos. No bien había concluido de atenderlo cuando nuevamente escuchó gritos desde la calle.

Dos extraños habían sido atrapados poco después de iniciado el fuego. Olían aún a brea y uno de ellos tenía chamuscada la capa oscura que lo cubría.

—¿Solo uno de ellos tenía puesta una capa, Kemi? —preguntó el mago.

—No, padre. Ambos usaban capas negras.

Súbitamente el hechicero comprendió todo. Eran similares a los asesinos de sus padres. Aquí, en Tebas. Tan lejos de Antioquía y tantos años después... Seguramente estos hombres se habían confundido y por error incendiaron la casa de Simón, creyendo que era la del propio Cipriano. Se dirigió a la turba que tenía prisioneros a los incendiarios y trató de liberarlos, clamando que debían ser las autoridades romanas las que se hicieran cargo de la situación.

—¡Claro que no! —Chilló un viejo enfurecido.— ¿No ves, médico, que atentaron contra un judío? Constancio el emperador ha decretado algunas medidas contra los comerciantes judíos. Los romanos no se compadecerán de este. Ni atenderán tu queja. ¡En tanto, estos dos criminales pueden quemar la casa de cualquiera de nosotros! —Volvió el rostro y la emprendió a puntapiés contra los incendiarios.

El hechicero necesitaba respuestas, pero cuando se disponía a auxiliarse de su magia para liberar a los prisioneros, escuchó el grito agónico de uno de ellos:

—¡No podrás hacer nada contra la voluntad de las sombras, Simón! ¡Ni tú ni esa abominación que pretendes rescatar de la oscuridad del tiempo!

Este alarido fue el último que se escuchó; luego los gritos de furia de los indignados ciudadanos disminuyeron. Cada uno se fue alejando del lugar, hasta que en el centro de la calle quedaron dos masas informes, y trozos de algo que parecía tela oscura.

No fue un error. Esos incendiarios también habían atentado contra la vida de Simón, pero... ¿por qué?

Las primeras luces del amanecer iluminaron los rescoldos de la casa siniestrada. Este, su hermana y la niña aceptaron la hospitalidad del médico, quien se dirigió a los restos humeantes para rescatar los bienes que fuesen posibles. Para fortuna de Simón, sus libros y manuscritos estaban a salvo, pues poco antes los había confiado a Cipriano porque en poco tiempo debía viajar a Alejandría. Viaje que ahora tenía que posponer.

Al fondo de la vivienda, el médico encontró respuesta a una de las preguntas que le rondaban en la cabeza. Sobre el muro se dibujaba con claridad y sorprendente belleza la figura de una de las advocaciones de la Gran Madre. Se trataba de Asherah, la temida y olvidada esposa de Dios. Su amigo había sido atacado por quienes temían al poder de la diosa de quien era devoto.

Una vez que recuperaron algunas herramientas y habiendo salvado Hannah un cofre con joyas que siempre ocultaban bajo tierra, Kemi preguntó a su padre si podrían quedarse Reba y su familia con ellos o si deberían trasladarse con alguien más de la comunidad judía que habitaba en Tebas.

—Creo que será mejor que permanezcan con nosotros, hija.

Hannah, que había escuchado esto, comprendió que Cipriano había visto la imagen de Asherah y que él ahora entendía que difícilmente ella, su hermano y su nieta encontrarían hospitalidad entre sus paisanos que habían renegado de Asherah siglos atrás.

La anciana dijo con serenidad al médico: creo que debo hacerme cargo de esto.

210

Cipriano ordenó a Kemi: —Hija, tú y Reba tomen un poco de cal y acompañen a Hannah. No lleven a ningún esclavo.

Las niñas obedecieron y el mago se quedó al lado de Simón, en tanto Hannah con cuidado y verdadera devoción cubría con cal la imagen de la deidad.

—Amigo, Simón, —dijo el mago poniendo una mano en el hombro del judío.— Ya veo que tú también eres atormentado por esos hombres de capas negras.

Simón lo miró fijamente y murmuró: —No son capas, mi querido amigo, son... alas.

211

XVII
Las voces del Nilo

L a luz de la media tarde volvía dorada la esplendorosa ciudad que Kemi contemplaba desde la azotea de su casa. Ciudad sagrada en la que había sido tan feliz desde que los acogiera a ella y a su padre años atrás. Tebas se prolongaba hacia el oeste. Como un muro líquido, el Nilo separaba la zona habitada y el Valle sagrado, donde reposaban los muertos. Por todas partes surgían en ambas márgenes del río, templos imponentes. La joven trataba de imaginar cómo sería Tebas mil años atrás, en pleno apogeo. Si actualmente era bella, ¿cuánto más lo habría sido en el pasado?

Al día siguiente la ciudad luciría tan resplandeciente como una joven vestida para su boda. Se celebraba la fiesta del Sol, el día más largo del año y Hereret había invitado a sus amigas a acompañarla al templo que se ubicaba al sur de la ciudad a llevar las ofrendas para Horus, la deidad solar que aún muchos egipcios veneraban.

Aunque no compartieran sus creencias, era realmente agradable asistir con su amiga a esa fiesta. Luego pasarían por el puerto para comprar algunas mercancías recién llegadas de muchos y misteriosos lugares, y terminarían cenando un delicioso cordero con ese pan suave que preparaba la vieja y querida Nadir.

Apenas los primeros rayos del sol asomaron por el este, más allá de las interminables dunas del gran desierto, las cuatro amigas a quienes los dioses vieran convertirse de niñas ruidosas en bellas jóvenes, vestidas con túnicas blancas de lino y con flores en sus cabellos se encaminaron hacia el sur por la larguísima calzada que unía Karnak y Luxor, los dos principales y grandiosos templos de la ciudad. Esta calzada estaba flanqueada por esfinges con cuerpos de león y cabezas de carnero que custodiaban el paso de la multitud de devotos que llevaban ofrendas a Osiris.

El templo se encontraba ubicado al sur, en las afueras de la ciudad y aunque ahora estaba convertido en cuartel de legionarios romanos, las autoridades de Roma habían permitido que una parte permaneciera como espacio para que tanto sacerdotes como creyentes pudieran venerar a Osiris, Ra, Horus, Isis y otras deidades. Como era costumbre en el imperio, no se prohibían ni restringían cultos fuesen los que fuesen, siempre que no amenazaran la paz social. De hecho, habían quedado atrás las persecuciones de las que habían sido víctimas los cristianos y esta religión se hacía cada vez más popular. La creencia en el dios padre y su hijo se extendía al mismo tiempo que poco a poco la fe en una multitud de dioses iba quedando en el olvido. Aún más en ese olvido parecía quedar el culto a la diosa Madre de todas las cosas vivientes.

La calzada llegaba hasta la entrada del templo, en donde dos enormes pilones daban acceso a un inmenso patio rodeado por hileras de columnas. Un gran muro interrumpido por torres en forma de "u" rodeaba el recinto, construido por los soldados de Roma. Este muro proporcionaba al templo un aspecto de fortaleza, pero no lograba disminuir la belleza sagrada de las elevadas columnas que recordaban las plantas de papiro de las orillas del Nilo.

Para la fiesta del Sol, los ocupantes militares del ahora cuartel dejaban las dependencias que antes fueran habitadas por los servidores del templo y paseaban por la ciudad. De manera que tanto el patio, la sala de las mil columnas y el santuario detrás de está pudieran recibir a los adoradores del sol.

Se sabía que de muchas poblaciones a lo largo del Nilo, un gran número de creyentes en los antiguos dioses venían a hacer peticiones y a agradecer favores recibidos al incomparable templo de Amón.

Una vez que Hereret depositó en manos de los sacerdotes la ofrenda consistente en aceite, incienso, papiro y pequeñas figuras de oro, las cuatro jóvenes se marcharon dirigiéndose hacia el embarcadero para enterarse de las novedades que los comerciantes habían traído de todo el imperio y más allá.

Contemplaban las joyas que presentaba un mercader de Tiro, adquiridas a lo largo del litoral del Mediterráneo, y Valeria se colocó un brazalete de plata finamente labrado. Se disponía a comprarlo cuando el vendedor, mirando por encima de la cabeza de la joven, asintió afirmativamente y le dijo que la joya ya estaba pagada. Ella giró y sus ojos se encontraron con la mirada verde mar de un legionario que le sonrió.

En vano intentó rechazar el obsequio y poco después se aproximaron otros tres jóvenes soldados del imperio que guardando las formas requeridas, se presentaron ante las cuatro amigas. Wildo era quien había obsequiado el brazalete a Valeria y era un oficial, bajo cuyas órdenes estaban los otros tres soldados Marcelo, Siriaco y Varek.

Minutos después el grupo de jóvenes, con las esclavas del padre de Kemi por medio, paseaban a lo largo del embarcadero. La tarde alargaba las sombras de las palmeras y llegó el momento de despedirse. Las fiestas del verano continuarían dos días más y los minutos eran preciosos, pues los legionarios no disponían de mucho tiempo fuera del cuartel, así que debían aprovecharlo para conocerse un poco mejor. Antes del ocaso las jóvenes se despidieron para regresar a sus hogares.

Sentadas en la sala principal de la casa de Kemi, mientras comían dátiles y pasas, las amigas conversaban:

—No debí aceptar ese brazalete, como si fuese una mujer pública, dijo Valeria.

—O una adúltera. —dijo Reba riendo.

—Basta con que nadie lo vea puesto en tu brazo. —Terció Hereret, como restándole importancia al asunto.

—Bueno, ya lo tienes en tu poder, dijo Kemi.

—¿Al brazalete o al soldado?

—¡Hereret! No digas eso. No pienso volver a verlo.

— ¡Lástima! Porque mañana estarán esperándonos cerca del templo de Athor.

— ¿Cómo lo sabes, Hereret?

—Siriaco lo propuso y yo acepté, porque no tuve oportunidad de consultarlo con ustedes.

Aunque parecía que la cita colectiva contrariaba a sus amigas, la joven egipcia sabía que en el fondo no solo se lo agradecían, también lo festejaban.

Al día siguiente, las muchachas se embellecieron de acuerdo con las tendencias del momento. Se peinaron con una línea por la mitad de la cabeza, dividiendo el cabello en dos partes que iban a unirse en un moño en la nuca. Lucían pendientes de piedras semipreciosas a juego con sus collares y largas túnicas de lino sobre vestidos de algodón.

Lentamente se dirigieron al lugar de la cita, tomando el tiempo suficiente para que los soldados llegaran primero.

Claro que ninguna de ellas había dicho a sus respectivos padres a dónde y con quién saldrían, pretextando un nuevo paseo al puerto para hacer compras. Ahí las esperaban atractivos e impacientes sus nuevos amigos.

El tiempo transcurrió veloz, y al despedirse todos convinieron en que estaban deseosos de volver a encontrarse y quizá por última vez, pues los legionarios debían retirarse al cuartel de manera permanente y nunca sabían con certeza cuándo volverían a salir.

Ya estando en casa de Kemi, las muchachas cambiaban impresiones.

—Siriaco sería un buen esposo —dijo Hereret—. Es griego y sabe leer y escribir. Su familia tiene una granja pequeña, cerca de Mitilene, aunque no sé dónde está eso. Sin embargo, yo no me imagino tan lejos de mi casa cuando él termine su servicio. Yo pienso quedarme aquí y casarme con un mercader en joyas —dijo riendo divertida.

—Yo no debo preocuparme —contestó Reba—. Cuando llegue el momento, mi tía abuela buscará a un hombre de mi nación, próspero y trabajador y me casará con él. Así que Marcelo es solo un amigo, que tarde o temprano recibirá tierras suficientes para tener una granja.

Kemi pensó en Varek. En sus bellos ojos oscuros y su deseo de llegar a ser un centurión. No se sentía atraída por él, ni por ningún otro hombre. Ni en ese momento ni antes en su vida. —No me resignaría a esperar largos años para ser la esposa de un soldado de Roma. Lo vería poco o tendría que desplazarme por todo el imperio, siguiéndolo. Sin contar con que estaría temblando siempre, aguardando la noticia de que hubiera muerto en manos de los bárbaros. ¿Y tú, Valeria?

—En mi caso, yo tengo ya un prometido. -Respondió la joven con un dejo de tristeza—. Es el hijo de un comerciante en aceites. Casándonos, mi familia tendrá muchos beneficios pues ellos están emparentados con un tío lejano del emperador. Pero sobre todo, podremos recuperarnos de la pérdida de fortuna que tuvimos con el naufragio del último cargamento de productos enviado por mi padre a Roma. Aun así, creo que Wildo es atractivo. Él dice que viene del norte. De un lugar siempre frío y húmedo.

De cualquier manera, el día siguiente sería el último en el que disfrutarían de la compañía de los jóvenes soldados.

El sol de verano envolvía Tebas en una luz cegadora que adornaba con chispas las ondas verdes del Nilo. El grupo de amigos, seguidos por esclavas portando alimentos bajo la complicidad de Nadir, paseaba por la orilla del río sagrado, buscando las sombras de las palmeras. En parejas conversaban animadamente, las cuatro amigas iban cubiertas con velos, para alejar cualquier mirada curiosa e indiscreta.

Estar así, acompañadas por temibles soldados legionarios, no era correcto ni propio de muchachas pertenecientes a familias de su posición. Para los jóvenes militares era la oportunidad de tener una aventura que pudiera terminar en un matrimonio ventajoso o tal vez solo en una noche de sexo maravilloso. Para ellas, era una experiencia fascinante por los riesgos que implicaba y una manera de romper la rutina de una vida en la que un día era igual a otro en la antigua y hermosa Tebas.

El crepúsculo rojo del desierto puso fin al encuentro y la despedida fue inevitable. Custodiadas por Nadir y las demás esclavas, las jóvenes volvieron al lado de sus familias y la noche convirtió esos días en hermosos recuerdos.

Kemi desayunaba un cuenco de leche cuando Reba y Hereret entraron temerosas y angustiadas en su habitación. Valeria no había llegado a su casa por la noche y sus padres estaban aterrados. Muchos jóvenes y niños de ambos sexos eran secuestrados por tratantes de esclavos, sobre todo durante los festejos religiosos a lo largo y ancho del imperio, para ser luego vendidos en lugares lejanos y nunca volvía a saberse cosa alguna sobre ellos.

No era posible que Valeria hubiera desaparecido, pues Kemi, Nadir y las demás esclavas la habían acompañado hasta su casa. Lo primero era ir en busca de Wildo. Pero no podían sugerir esto a los padres de la joven sin descubrirla y provocarles un gran disgusto.

Además, aunque se dirigieran al cuartel, no obtendrían ni la más mínima atención por parte de las autoridades militares. Se trataba solamente de una mujer desaparecida. Pero algo debían hacer y Hereret habló sinceramente con su padre, quien como funcionario menor tendría posibilidad de ponerse en contacto con el oficial de mayor rango en el cuartel emplazado en el templo de Amón.

Una gran dosis de paciencia y aportaciones monetarias, habían logrado que finalmente se les comunicara que Wildo había desertado el último día de las fiestas del sol.

Ahora todo estaba claro. Valeria y Wildo habían escapado, pero... ¿a dónde?

Kemi decidió que debían hablar con la madre de Valeria. Siempre era preferible pensar en una hija que había perdido el sentido de lo correcto huyendo con un atractivo oficial romano, que imaginarla en manos de tratantes de esclavas sufriendo horrendas vejaciones.

Cuando Niobe se enteró de la fuga de su hija, consciente del oprobio que esto traería sobre su familia lloró con gran dolor pero, también dio gracias a su Dios porque comprendía que tarde o temprano sabría algo de ella e incluso, podría algún día volver a verla.

La ausencia de Valeria había dejado una honda huella en sus amigas, quienes una tarde hablaban entristecidas sobre ella y se preguntaban en dónde podrían estar ahora la joven y su amante. Tendrían que haber huido fuera del imperio para evitar que Wildo sufriera la pena de muerte con que se castigaba la deserción del ejército romano. Súbitamente, Hereret salió de la habitación hacia la calle llamando a su amiga ausente.

—¿Qué sucede? —gritaron Reba y Kemi dándole alcance.

—¡Es Valeria! Acaba de pasar frente a la ventana. Iba hacia allá, al pozo.

Corrieron para encontrarse con su desaparecida amiga, llenas de júbilo, pero no pudieron encontrarla por ninguna parte.

—Ella está aún aquí. En Tebas —afirmó eufórica Hereret.

—Pero... ¿por qué se oculta? —interrogó Kemi pensativa.

—Tal vez está avergonzada —comentó Reba conmovida—. Quizá escapó con Wildo y cuando este logró lo que quería, la abandonó y ella anda por ahí... con hambre y asustada.

—Debemos buscarla. Mañana, con los primeros rayos del sol, recorreremos toda la ciudad —propuso Hereret.

Se despidieron las tres amigas con el corazón pleno de esperanza.

Varios días después, las jóvenes debieron reconocer que la búsqueda no había arrojado ningún resultado. Incluso contando con la ayuda de sus padres, moviéndose por toda la ciudad e interrogando a todas las personas conocidas. Nadie pudo dar señal alguna sobre la joven desaparecida.

Hasta que una tarde, cuando la luz del sol tocaba los capiteles de los templos poco antes de desaparecer, Reba llegó a casa de Kemi, acompañada de su abuela.

—Kemi, he visto por fin a Valeria —dijo la joven aterrada.

—¿Dónde?

—No en la ciudad... La vi... en el agua. Vi su rostro en el agua del Nilo.

El silencio reinó lúgubre, envuelto en el gris del anochecer. Todos sabían el significado de esa aparición: La habían visto pasar frente a la ventana y no la encontraron fuera, y ahora su imagen se había presentado reflejada en el río sagrado. Como era sabido, ver la imagen de alguien aparecer en el agua significaba una sola cosa: Valeria estaba muerta.

Una vez que las tres jóvenes se reunieron, decidieron no enterar a los padres de su amiga sobre el fallecimiento de esta, pero sentían la necesidad de saber qué o quién había causado su muerte. Estaban seguras de que Wildo tenía que ver con esta desgracia, pero él se había marchado de Tebas.

El dolor y la impotencia invadían el corazón de las jóvenes. Kemi sentía despertar dentro en su corazón un deseo de justicia que no podía ser satisfecho por medios humanos. Al mismo tiempo, cobraba intensidad en ella la necesidad de entrar en contacto con las fuerzas que tan bien dominaba su padre para obtener respuestas. Así se lo hizo saber.

—¿Por qué, hija mía? ¿Por qué ahora necesitas del poder de la Gran Madre?

—¡Para que se haga justicia a una inocente!

Esta respuesta contundente convenció al hechicero.

—Está bien Kemi, cuenta conmigo.

Al amanecer del día siguiente, ambos emprendieron su camino, una barca los aguardaba. En ella, padre e hija cruzaron el Nilo hacia la orilla occidental, al valle sagrado donde reposaban los reyes. Aquellos que fueron señores de Egipto en su época de mayor esplendor.

Una vez que desembarcaron caminaron acompañados solo por un burrito blanco cargado con los alimentos, las ofrendas y los artefactos del ritual. Llegaron ante un templo custodiado por cuatro gigantescas estatuas, cuyos ojos eran los primeros en ver el sol al alba y los últimos en contemplarlo cuando llegaba el crepúsculo.

Cipriano preparó una hoguera y en ella quemó incienso y se dirigió a las monumentales estatuas.

—Ven, Kemi, solicitemos el permiso de los centinelas para poder entrar en el desierto.

—¿Permiso? —inquirió la joven con cierta impaciencia.— No hay puerta alguna hacia el desierto.

—No al que tú ves, mi niña, —respondió con una sonrisa.

El hechicero hizo una invocación en la lengua antigua del Nilo y un viento poderoso se levantó. Kemi se protegió el rostro de la arena, pero su padre permaneció de pie hasta que la calma volvió.

—El desierto en el que vamos a entrar no es el de los vivos. Es el de los que han muerto. Recuerda que ellos no son siempre visibles, aunque estén presentes.

Continuaron hacia el tempo del faraón que había hecho del sol un dios único y descansaron. Esa noche, Kemi escuchó la voz de los Djins pero no podía comprender sus palabras.

Al amanecer se dirigieron a la tumba del arquitecto de la reina. A lo largo del camino pudieron ver una gran cantidad de personas que peregrinaban hacia las tumbas reales que se encontraban al pie de enormes paredes de piedra. Pero cuando Kemi intentaba fijarse en alguna en particular, el caminante se esfumaba. Ella empezó a comprender lo que su padre había dicho sobre el desierto, ese que no es visible para todos.

Cuando llegaron a la tumba de la reina olvidada, aguardaron a que la luna se levantara en el horizonte.

Kemi experimentaba una mezcla de impaciencia, rabia y expectación. La muerte de su amiga querida a manos de aquel legionario le había causado un gran dolor y una impotencia infinita. Ahora aguardaba para saber qué haría su padre para ayudarla a encontrarlo y darle un merecido castigo.

Cuando la luna alcanzó su punto más alto, Cipriano derramó leche, miel y vino en la tierra. Enterró pan mojado en aceite y quemó flores e incienso y luego cantó la tristísima canción que había aprendido de su padre en Palmira para atraer a las almas temerosas o desconfiadas y tranquilizar a las almas violentas.

Kemi tenía miedo, pero sabía que eso no solo decepcionaría a su padre, sino que alejaría a las almas.

—Es tu turno, Kemi —dijo Cipriano—. Llama a tu amiga, pero primero, piensa en ella y siente en tu corazón el cariño que ella te inspiraba. No la nombres hasta que tu amor por ella no haya inundado tu ser.

La joven recordó momentos maravillosos que había vivido junto a Valeria, la ocasión en que la vio por primera vez al lado de la madre enferma, las mañanas luminosas en que recorrían Tebas, las agradables conversaciones en casa. Habían crecido juntas, al lado de Reba y Hereret, eran más que amigas. Las cuatro eran como hermanas y ahora Valeria se había ido, para no volver. Se la habían llevado.

—¡Valeria, ven a mí! —dijo en una súplica, levantando los brazos— ¡Valeria, ven a mí! —clamó en voz alta. El dolor parecía ganar terreno y por un momento dudó que fuera posible que su amiga se manifestara.

Del fondo de las rocas surgió una luz sutil y envuelta por esta, la figura de Valeria.

Kemi se adelantó, pero su padre la detuvo.

—Dime qué pasó contigo. Dime dónde estás. Te juro que buscaré a tu asesino. Ese... —guardó silencio abriendo desmesuradamente los ojos—. Junto a Valeria apareció Wildo, envuelto en la misma luz azul.

—¡El... él también está muerto! Entonces... ¿quién les quitó la vida a los dos?

Kemi escuchó la voz de Valeria como un gemido en el viento:

—Mi padre. Cuando huíamos juntos.

—¿Dónde están sus cuerpos? —volvió a preguntar Kemi que no salía de su asombro.

—Nos cubren las cenizas del fogón en mi hogar —respondió el gemido una vez más y luego, lentamente, las imágenes de los jóvenes amantes empezaron a difuminarse—.

—¡Padre! ¡Haz que se queden, quiero seguir hablando con ella! —el hechicero negó con la cabeza y conmovido le susurró a su hija—.

—Esto ha terminado. Cumpliste con el deseo de tu amiga. No eras tú quien la buscaba. Fue ella quien te llamó. Ahora, debemos volver a la ciudad. Tenemos un deber.

De vuelta en Tebas y consciente de la delicada situación, Cipriano solicitó al padre de Hereret y a Simón que lo acompañaran a casa del padre de Valeria.

—Tengo que comunicarte algo importante, —dijo con calma a Antulio—. Es sobre tu hija.

—¡No quiero saber de ella y no comprendo por qué vienes a abrir una herida tan reciente!

—Herida que tú mismo te has infringido...

—¡Cómo dices eso!

—Ella y su compañero están bajo las cenizas del hogar en tu casa.

Antulio cayó de rodillas y se apretó las manos, compungido. Ese soldado la cambió. Ella estaba tan contenta con el matrimonio que yo había acordado. Su prometido es un hombre importante, un gran comerciante en aceite y yo... tengo deudas y... ¡No me entreguen a la justicia! ¡No quiero que mi esposa lo sepa! ¡Además era mi hija, tenía que obedecerme!

Sujetó su cabeza entre las manos y empezó a sollozar.

El padre de Hereret se marchó en busca de los soldados. La muerte de un legionario del imperio era un asunto muy serio.

—Esperen aquí –pidió el homicida—. Creo que debo despedirme de mi esposa y darle alguna explicación.

Cuando llegaron los soldados y entraron junto con Cipriano y Simón a la casa del comerciante, encontraron a la esposa consternada y el cuerpo del asesino pendiendo del techo en la última habitación.

—Se ha ido, Kemi. El verdadero culpable se ha ido.

—¿Sabes, padre? Me duele haberme equivocado pensando que el asesino era Wildo. Él la amaba en verdad.

—Tú querías venganza, Kemi. Y el padre de Valeria, al quitarse la vida, ha hecho justicia.

Una vez encontrados los cuerpos de Valeria y Wildo, fueron incinerados juntos y los túmulos que ocuparon sus cenizas fueron cubiertos con flores por las llorosas amigas. Las tres sabían que, a partir de ese momento, el alma de su amiga querida descansaría en paz.

XVIII

La puerta dorada

Para Kemi y sus amigas todo había cambiado. Resultaba doloroso llenar con recuerdos el vacío que dejara Valeria con su muerte. Este terrible suceso también había repercutido en la vida diaria de la ciudad, pues el asesinato de Wildo había provocado que los legionarios del cuartel de Luxor, indiferentes al resto de los ciudadanos o incluso amistosos, se volvieran desconfiados, temerosos de alguna conspiración de las que no faltaban en otras ciudades del imperio.

Cipriano veía cómo Tebas, la ciudad que lo acogiera tan generosamente, parecía decaer poco a poco al igual que el ánimo de su hija. Era tiempo de partir, ya no en busca de Bilquis que había quedado en el pasado, sino en busca de un lugar mejor para su hija que era su presente y su futuro también. Además, tenía bien claro que en todos estos años su misión como portador de la efigie sagrada no se había cumplido aún en la ciudad de Tebas.

Kemi finalmente aceptó partir. Sus amigas se entristecieron profundamente por la noticia y por un momento desearon poder acompañarla y dejar Tebas, pero ambas tenían ya sus vidas a futuro determinadas por sus familias. Hereret pronto contraería matrimonio con un joven escriba y Reba, tarde o temprano haría lo mismo con un comerciante, pariente lejano suyo.

El hechicero puso en venta sus bienes y pactó con Kerub, buen amigo suyo para que les incluyera en su enorme caravana que pronto partiría. Liberó a sus esclavos y cargó en asnos y camellos sus pertenencias y las de su hija, además de varias cajas de madera que había desenterrado del suelo de una de las habitaciones de su casa. Acompañado de Kemi y de la vieja esclava Nadir, que se negó a separarse de ellos. Volvía a ser un peregrino.

Esta vez viajarían a Alejandría, la puerta dorada que comunicaba a los prósperos pueblos del mediterráneo con la generosa África y los misteriosos reinos de oriente.

El trayecto resultaba muy lento, pues la caravana se detenía hasta en la más pequeña aldea en la rivera del Nilo para comerciar. El mago atendía enfermos y adquiría plantas y minerales para sus medicamentos.

Una tarde hicieron alto en un oasis en el que regularmente las caravanas se aprovisionaban de agua, Cipriano contemplaba las dunas cambiando a merced del viento. Recordaba con nostalgia y ternura las aventuras vividas junto a su amigo Marcos quien, siempre dispuesto y muchas veces valiente, había permanecido a su lado. Evocó su imagen y una sensación de infinita paz le invadió.

La voz de Kemi vino a traerlo a la realidad. Kerub, el jefe de la caravana, solicitaba su ayuda como médico. Habían encontrado a un hombre inconsciente, que parecía haber llegado al oasis a duras penas.

El hechicero pidió que lo llevaran a su tienda para examinarlo. Por el interés que mostraba el caravanero en la salud del paciente, era fácil adivinar que algo había recibido a cambio.

Se trataba de un joven de piel tostada por el sol y abundante cabellera castaña. Sus ojos permanecían cerrados, probablemente por la fiebre y vestía una túnica vieja y aferraba en su mano un trozo pequeño de madera que tenía grabado un pez, símbolo que empleaban algunos cristianos para identificarse entre sí.

Cuando recuperó el conocimiento, pudo decir que su nombre era Calixto, originario de Alejandría. Su padre

Hilarión era comerciante en ánforas. El joven había decidido internarse en el desierto para vivir en soledad consagrado a Dios, ayunando y orando, pero había enfermado.

—Parece que has comido alguna hierba dañina —dijo el médico—Afortunadamente tuviste tiempo para ser encontrado.

El joven pareció sorprenderse ante este comentario y dijo que era un verdadero milagro que eso hubiera sucedido.

Paulatinamente y atendido con esmero por Cipriano y Kemi, el enfermo recuperó la salud, pero no lo suficiente como para quedarse en el desierto, así que tuvo que viajar de regreso a su ciudad natal, quedando bajo la protección del médico y de una de las familias cristianas que, al ver la figura de madera que sujetaba en sus manos cuando le encontraron, había pagado generosamente a Kerub para que aceptara llevarlo con los demás.

Aliviado de su enfermedad, Calixto se dedicó a recorrer la caravana, ayudando a quien podía, dando agua a los animales, recogiendo cargamento o encendiendo fuego. A veces no comía y tampoco bebía, como una manera de mortificarse al modo de los ermitaños del desierto y en ocasiones clamaba a gritos que había recibido una revelación divina en la que se había enterado de que una figura pagana y temible era ocultada por alguien en la caravana. Esto sí que molestó a algunos viajeros que llevaban consigo estatuillas de sus dioses que los acompañarían durante el trayecto y estuvo a punto de provocarle unos buenos azotes si Kerub no lo hubiera impedido.

Cipriano se dio cuenta entonces de que esa mirada perdida en el infinito, que había notado en el joven, no era producto de la fiebre, como él creyera.

Conforme avanzaban, la rivera del Nilo se iba poblando de palmeras cada vez más abundantes. El suelo se volvía húmedo. Tanto que, aquí y allá aparecían pantanos sombreados por exuberantes papiros. Estaban en el delta del río sagrado. Muy pronto llegarían al fin de su viaje.

Una tarde, luego de remontar un promontorio, vieron ante sus ojos un espectáculo incomparable. Una enorme laguna se extendía al frente y más allá una ciudad realmente hermosa. Edificios blancos que reflejaban el sol ocupaban el centro y en torno a ellos se apiñaban un sinnúmero de viviendas y jardines. En el horizonte, el inmenso mar Mediterráneo reflejaba el azul del cielo. Cientos y cientos de barcos de todas las naciones fondeaban en dos puertos. Para Kemi, que no conocía el mar, aquella visión fue maravillosa e inolvidable.

Bordeando la laguna se internaron luego en la ciudad. A través de calles tan pobladas por transeúntes que les era difícil avanzar. La caravana llegó al mercado mayor. Ahí se quedarían los viajeros y una parte de la mercancía, pues la mayoría de los productos eran llevados a los puertos para ser embarcados.

Cipriano y su hija se despidieron de Kerub, quien continuaría hasta Berenice y de Calixto, que dando las gracias se alejó hacia la casa de sus padres hablando consigo mismo y haciendo ademanes. Parecía no querer separarse del médico, pero era necesario que sus padres supieran que estaba de vuelta de su aventura como anacoreta.

El mago encontró pronto una casa pequeña, cómoda y bonita. Un sencillo pórtico a la entrada, varias ventanas y un patio. A él le recordaba un poco su casa de infancia, en Antioquía. En la sala que daba a la calle, dispuso su consulta para el ejercicio de las artes médicas y también de las artes mágicas que eran muy populares en la ciudad.

Una vez instalados, Cipriano cargó sus asnos con las misteriosas cajas que había desenterrado en su casa de Tebas y pidió a su hija que lo acompañara al Serapeum.

—Sabes, hija, hace siglos Tolomeo, gobernante griego de Egipto, tuvo una inspiración maravillosa: reunir en un solo lugar todos los conocimientos de su época. Recopiló papiros y pergaminos de todos los rincones del mundo e invitó sabios de todos los reinos conocidos para que compartieran su saber. Este espacio fue la biblioteca de Alejandría y aunque existen más, como la de Pérgamo y la de Antioquía, ninguna fue tan grande ni tan rica en obras como la de aquí.

Había textos sobre los cuerpos celestes, las criaturas que habitan la tierra, el cielo y el agua, el misterio de los números, las costumbres y las historias de pueblos próximos y lejanos, tratamientos para un sinnúmero de dolencias, poemas, himnos...En fin, todo lo que se puede conocer.

Todo navío que llegara a Alejandría y que llevara entre su carga libros en piel o en papiro, debía prestarlos a la biblioteca para que pudieran ser copiados. Estas copias eran luego clasificadas, comentadas por escrito y traducidas a varias lenguas.

Los textos se guardaban en anaqueles, en salas grandes e iluminadas, rodeadas por jardines.

—Creo que me encantará conocerla, padre.

—Bueno, siglos después fue incendiada. Muchos textos se perdieron, pero un gran número de ellos se encuentran ahora en el Serapeum, el templo de Serapis que puedes ver allá, sobre esa colina, un poco alejada del mar.

Una vez a las puertas del magnífico edificio, Cipriano se dirigió a un centinela, solicitando ver a Hermógenes el bibliotecario.

Poco después surgió del interior un hombre ya anciano, que aún tenía un aspecto fuerte y lozano.

—Soy Hermógenes. Dime, ¿en qué puedo ayudarte?

—Soy Cipriano de Antioquía. Vengo de Tebas y traigo un envío de Simón, el orfebre de Samaria.

A una orden de Hermógenes, varios esclavos descargaron los asnos.

—Agradecemos el tesoro que pone nuestro hermano Simón bajo nuestro cuidado. Sería un honor que nos acompañaran a conocer nuestra biblioteca.

—Aceptamos su invitación y volveremos pronto, una vez terminemos de instalarnos.

—Yo quería visitar ese lugar, ver los libros y el jardín detrás del muro, padre —dijo Kemi en ese tono que tanta ternura provocaba en el hechicero.

El padre sonrió. —Esto es Alejandría, no es Tebas. Debemos esperar unos días por cortesía. Aquí son muy importantes los modales y las apariencias.

Kemi asintió pensando que tal vez la ciudad ya no le iba a gustar tanto.

Días después, Cipriano se encontraba conversando con Hermógenes en una de las terrazas del templo, desde la que podía contemplarse el mar en todo su esplendor.

—Podemos seguir la ruta de los cuerpos celestes para conocer el destino del hombre y de los reinos, como hacían los caldeos... pero yo prefiero hacerlo para conocer y registrar los ciclos de sus movimientos —dijo Hermógenes.

—La belleza de los astros se revela en toda su grandeza en las noches del desierto —dijo Cipriano, como hablando consigo-. Tal vez eso fue lo que atrajo a Simón a Tebas; estar más cerca del misterio de las estrellas y de las soledades de las dunas.

—Es un verdadero buscador del conocimiento —observó el anciano-. Vivió aquí hace muchos años, pero fue perseguido por sus ideas. Me extraña que se haya separado de esos rollos tan valiosos que me entregaste.

—Lo hizo para salvar su vida —aclaró el mago—.

—¿Cómo? —preguntó Hermógenes preocupado.

—Una noche, una mano criminal puso fuego a su casa. Él y su familia se salvaron. Afortunadamente, poco antes habíamos puesto a salvo sus preciosos libros, enterrándolos bajo el suelo de la cocina, en mi casa.

—Supongo que se ignora quién lo hizo.

—No. —Aseveró Cipriano, con un brillo terrible en su mirada—Fueron unos hombres extraños, cubiertos con capas negras. Asesinos que también me han atacado. Dieron muerte a mis padres y por muchos años yo no tenía claro el motivo de ese hecho tan terrible. Sin embargo, después de la agresión a Simón, estoy empezando a comprender qué sucede.

—Es curioso —comentó Hermógenes—. Fue una verdadera suerte que Simón te hubiese confiado sus libros poco antes del incendio.

—No es de sorprender —explicó el hechicero—. Tú sabes tan bien como yo que el conocimiento antiguo está amenazado. El equilibrio se ha roto. Los agresores de Simón le consideraban guardián de Asherah.

Hermógenes guardó silencio y puso su mano sobre el hombro de Cipriano.

El mago volvía a su casa cuando desde la calle vio a su hija, mirando a través de la ventana cómo el sol se ocultaba. Pudo sentir la soledad que la embargaba y sobre todo, la que se debía a la ausencia de la madre. Aunque él se esforzaba por paliar esa pena, era un hecho que, ni aún con todas las fuerzas que conocía y dominaba, podía aliviar esa carencia. ¿Qué sucedería si el muriera? ¿Qué sería de su querida Kemi? Algo debía hacer para resolver esa situación. Así que pidió a la vieja Nadir que al día siguiente acompañara a Kemi a dar un paseo por la ciudad. La esclava, que había tomado un profundo cariño a la hija de su amo se propuso infundir ánimo a la joven.

En cuanto la joven se levantó, Nadir la ayudó a vestirse, la peinó esmeradamente y luego le pidió que la acompañara al mercado. Ofreciéndole cocinar pescado con cebollas y aceitunas. Kemi aceptó más que todo, por complacer a la buena mujer. La joven recordaba cómo esta había llegado a su vida.

Aún podía verla en una de las calles de Tebas, siendo víctima de un cruel amo que la maltrataba por no poder cargar una pesada cesta. Cipriano conminó al hombre para que dejara de golpearla. Enfurecido este por la intromisión, se volvió contra el mago, levantando la tira de cuero con que maltrataba a la mujer. Repentinamente, la tira se convirtió en una serpiente que deslizándose por el propio brazo del verdugo llegó a su cuello para enredarse alrededor y cerrarse lentamente, asfixiándolo.

El mago levantó del suelo a la anciana y la llevó consigo, sin que nadie se atreviera a molestarle. Ya en su casa, curó sus heridas y le ofreció un hogar. Así pasó a ser parte de aquella pequeña familia.

Cuando Kemi y Nadir volvían del enorme y muy bien surtido mercado se detuvieron a contemplar a un par de cómicos callejeros, uno de ellos cantaba una historia llena de expresiones pícaras que trataba de un joven cándido enamorado de una mujer que vivía de vender sus favores. El otro ejecutaba una danza relacionada con el asunto, con tan grotescas contorsiones que hacían reír a los espectadores a carcajadas.

Entonces vieron cerca de ellas a Calixto, de quien no habían tenido noticias desde que se despidiera de Kemi y su padre para ir a reunirse con su familia.

Ahora su aspecto había mejorado mucho. Una cálida sonrisa y una mirada serena le daban un aire de cordura que no recordaban haber visto en él.

—¡Calixto! —exclamó Kemi— ¡Qué bueno es verte tan recuperado!

—Bueno... No soy Calixto. Soy su hermano gemelo. Me llamo Gregorio y me alegro de haberlas encontrado. Tú debes ser Kemi, la hija del médico. Mis padres están profundamente agradecidos con ustedes, pero no habíamos tenido noticias sobre su paradero. Permítanme acompañarlas a su casa. Yo llevaré la cesta Nadir. Porque tú debes ser Nadir —dijo animoso y escoltó a las mujeres hasta la casa—.

—Ahora ya sé en dónde puedo encontrar a los benefactores de mi hermano el ermitaño del desierto —comentó muy contento al despedirse—.

Kemi aún no salía de su sorpresa cuando, conversando con su padre, describía a este el increíble parecido que tenían ambos hermanos mellizos.

—Nos dijo que su padre es comerciante en ánforas para vino y envases de vidrio para esencias y ungüentos. Gregorio está aprendiendo el oficio del padre, pero Calixto, su gemelo, inspirado por su tío, quiso dedicarse a Dios marchándose al desierto y abandonando el mundo.

—¿Y quién es su tío? —preguntó el padre para seguir el relato de su hija, a quien no veía tan animada desde hacía tiempo—.

—Es Crisóstomo, uno de los asistentes del patriarca cristiano de esta ciudad.

—Qué bien que Calixto ya regresó al lado de sus padres. Aunque su aventura casi le cuesta la vida —dijo Cipriano, que siguió escuchando a su hija—. En ese instante tuvo la sensación de que su vida y la de Kemi estaban a punto de cambiar.

Cipriano había iniciado su ejercicio como médico y pronto tuvo una clientela regular. Cierto día le hicieron falta artículos para su labor y también para sus tareas mágicas; así que se dirigió al barrio de la ciudad que era muy popular entre los hechiceros. Ahí podían encontrar mirra, polvo de conchas y de esqueletos de monstruos, insectos y reptiles tanto vivos como disecados, flores de adormidera, huesos humanos o de sirenas, metales de poder o incluso piedras preciosas, miel de colmena de las montañas sagradas, agua de la luna, espejos de Chipre, rocas de Delfos, cuarzos de las tierras del sur. Era tal vez el mercado mejor surtido para las artes mágicas y adivinatorias de la costa mediterránea.

También podían encontrarse ahí adivinos que leían huesos de frutos, entrañas de animales o figuras grabadas en madera. Magos ofrecían sus servicios para eliminar un enemigo, obtener el amor o desembrujar. Por supuesto había tal multitud que era necesario caminar despacio, pacientemente y sujetando bien la bolsa de las monedas.

Luego de pasar varias horas en sus compras, eligiendo, regateando y evitando ser engañado, Cipriano abandonaba el mercado por una de las callejuelas cuando vio a un hombre que, arrastrando una pierna, se dirigía a una casucha. Conmovido por el dolor que manifestaba el rostro de este, se disponía a ofrecerle su ayuda cuando, de otra casucha salió una mujer increpándolo: ¡márchate de aquí hechicero, porque este enfermo es mío!

—Yo te sanaré, pobre hombre —dijo luego dirigiéndose al mendigo, en tono compasivo—.

—¡Déjame en paz, bruja! —respondió el enfermo—. Si me sanas, ¿cómo voy a mendigar y a sustentarme? ¿Piensas acaso sostenerme tú, la maga más miserable de Alejandría?

Rio luego alegremente, mostrando sus dientes negros. Cipriano tampoco pudo contener un acceso de risa, que fue súbitamente interrumpido por el golpe de una sandalia en pleno rostro, al igual que acababa de suceder al mendigo.

—¿Qué tal? —exclamó triunfante la mujer— ¿Verdad que no pudiste adivinar este golpe, brujo del Egeo?, y tú, ingrato vagabundo, voy a hechizarte para que te transformes en un perro amarillo.

Al escuchar esto el hombre huyó frotándose la cara para aliviar el dolor. La mujer riendo con todo su ánimo se metió en su casucha y Cipriano emprendió su camino sorprendido, por lo que había escuchado decir a la mujer. Lo había llamado brujo del Egeo, el mar que bañaba la costa de Antioquia... su mar... ¿Cómo podía saber ella esto?

Reflexionando sobre el asunto llegó a su casa, en donde encontró a su hija y a Nadir conversando con un joven que debía ser Calixto, o tal vez su hermano gemelo.

El muchacho saludó con cortesía y explicó: Soy Gregorio, hermano de Calixto, a quien ustedes cuidaron generosamente, luego de haberlo rescatado en el desierto. Mi padre está ahora en Leptis Magna por negocios, pero me ha escrito y me solicita que haga llegar a usted su más profundo agradecimiento y estos obsequios como muestra del mismo.

Sobre la mesa central, descansaban una serie de bellos objetos que habían logrado devolver el entusiasmo a su hija, que los admiraba, manipulándolos. El mago pensó que quizá el agradecido debía ser él, al ver a Kemi tan contenta.

Cuando Gregorio se marchó, el hechicero sintió una extraña opresión en el pecho. Probablemente se acercaba el momento en que Kemi dejaría de ser su pequeña hija para iniciar una vida propia.

Los paseos de Kemi, acompañada de Nadir y varias esclavas se hicieron más frecuentes, pues era la oportunidad de encontrarse con Gregorio sin faltar a las reglas del decoro, tan importantes en la superficie y tan ignoradas en el fondo como sucedía en la ciudad.

Visitaban el puerto al que por el río llegaban el trigo abundante de Egipto, que sustentaba a todo el Imperio Romano, cebada, lino, algodón, dátiles e higos de los márgenes del Nilo; esmeraldas, marfil, hierro, pieles hermosas e incluso animales vivos del interior de África; mirra, incienso, gemas, sedas y la valiosa pimienta que llegaban de oriente por la ruta del mar rojo y eran trasladados hacia el Mediterráneo. Al mismo tiempo se descargaban ánforas de aceite y vino, piezas de cobre, vidrio, oro y lana que partirían en un curso inverso, por barcos o en caravanas interminables hacia las legendarias tierras orientales.

Gregorio miraba los enormes ojos negros y la suave piel oscura de Kemi. Su corazón latía con fuerza y una gran confusión se apoderaba de él. Ella, en cambio, percibía con claridad sus propios sentimientos. Ahora comprendía perfectamente a Valeria, pues sabía por primera vez en su vida lo que era estar enamorada.

Mientras contemplaban el mar, ella preguntó:

—¿Cómo serán los pueblos que viven más allá del mar?

—Algún día iremos. Mi familia vive en las islas griegas —dijo Gregorio para sí.

—Dijiste que tus padres viven aquí, en Alejandría.

—Así es por ahora. Pero un día volveremos a Grecia. Cuando mi padre pueda pagar su deuda.

—¿Qué deuda? — inquirió Kemi.

—Olvídalo —dijo sonriendo Gregorio—. Es algo de la familia y nosotros dos nada podemos hacer. Mejor, caminemos por la playa. Quiero recordar este momento a tu lado junto al mar. Conservar esta imagen para siempre.

En tanto su hija disfrutaba en sus paseos de la belleza de la ciudad y de la compañía de Gregorio. Cipriano adquiría prestigio como médico y como hechicero, aunque entonces no era muy clara la diferencia para muchos en el imperio.

Se daba tiempo para visitar la biblioteca, conversar con los sabios que aún la habitaban y tener acceso a los conocimientos que ahí se custodiaba. A cambió él traducía papiros y pergaminos de diferentes lenguas al griego y al latín, sobre todo los de origen persa.

También se había comprometido a hacer una recopilación de hechizos en los que se mezclaban magia egipcia, griega y judía y que circulaban por todos los pueblos a lo largo del Nilo, muchos de ellos muy populares por su eficacia y otros muy temibles por su ejecución o finalidad.

Después de un día particularmente productivo, el hechicero volvía una tarde de la biblioteca, bajando por el barrio de los magos, cuando una escena captó su atención. Un grupo de personas rodeaban a una mujer que se agitaba en el suelo violentamente. Era la bruja que le había lanzado la sandalia a la cara. Reconoció su figura menuda y grácil que se retorcía, pero sus ojos de aceituna estaban cerrados y sus cabellos negros y ondulados estaban cubiertos de polvo. Chillaba de una manera terrible.

La gente aterrada abrió paso a alguien que se acercaba. Era Crisóstomo, uno de los asistentes del patriarca cristiano de la ciudad, que intentó aproximarse a la mujer. Esta trató de erguirse y abrió los ojos dirigiendo una mirada tan amenazante y extraña que sobrecogió a los presentes.

—¡Ellos vienen atravesando el velo que separa los mundos para nutrirse con el dolor humano! ¡Solo hay un poder que puede detenerlos! ¡El imperio caerá para no levantarse!

Luego vinieron el silencio y la rigidez. Cipriano se adelantó para hacerse cargo e indicó que llevasen a la mujer a la humilde casa en que vivía. Uno de los hombres que ayudaron en esta tarea comentó. —Siempre vaticina lo mismo, aunque nadie comprende lo que dice en ese estado.

—¿Qué dice la gente de esto? —preguntó el hechicero.

—Que la posee un demonio y le temen porque, aunque es una pésima bruja, cuando se trata de conocer el futuro de las personas, es una de las mejores adivinas.

Cuando la mujer despertó debilitada y adolorida lo primero que vio fue el rostro sereno de Cipriano, pero estaba demasiado agotada para protestar.

—¿Cómo te sientes, mujer?

—Tal como me ves, hechicero.

—También soy médico y creo que debes cuidarte más.

Evitar esta especie de mensajes.

—Tú mejor que nadie sabe que esto no se puede evitar. No depende de mi voluntad.

Él comprendía, como miembro de un linaje de magos que, aprender a dominar las fuerzas de la Creación, de lo que se ve y de lo que no se puede ver, exigía dedicación, esfuerzo y terribles riesgos, pero no implicaba tanto sufrimiento como el que padecían quienes naciendo portadores de esas fuerzas tenían que convertirse en vehículos, víctimas de las mismas.

Al notar que el estado de la mujer había mejorado, el médico decidió retirarse, dejando algunas monedas sobre una mesa.

—No hagas eso. No soy una ramera —le recriminó la mujer—.

—Igual y necesitas comer como una —respondió él, divertido.

No se había alejado mucho de la casucha cuando unas voces airadas y los gritos de la adivina le hicieron retroceder y llegar a tiempo para impedir que unos soldados arrastraran a la mujer fuera de su casa.

—¿Qué sucede aquí?

—Márchate médico. Esta mujer crea muchos problemas con sus vaticinios. Los ciudadanos empiezan a inquietarse.

—¿No ves acaso que está débil, soldado?

—Es mejor que no intervengas, extranjero, —reconvino el soldado—. Súbitamente Cipriano arrojó un puñado de polvos que extrajo de un saquito a la cara del hombre. Este empezó a palidecer hasta caer exánime, adquiriendo su piel un tono gris, como si se convirtiese en piedra. Aterrados, los otros dos hombres emprendieron la huida.

—Gracias una vez más, —murmuró la mujer mientras el mago la ayudaba a incorporarse—.

—No puedes quedarte aquí, adivina.

—¿A dónde puedo ir?

—Vendrás conmigo a mi casa, luego cuando te recuperes, decidirás tu destino.

No pasó desapercibida a ambos la presencia de Crisóstomo que de manera aparentemente casual pasaba por allí, deteniéndose a auxiliar al soldado que intentaba recuperarse.

—¡Vaya, mujer! Sí que sabes hacerte de enemigos.

Ella hizo una mueca y guardó silencio.

Kemi y Nadir, conmovidas por el lastimoso estado en que se encontraba la hechicera, se apresuraron a instalarla en la casa. La pobre bruja adoptando un aire que resultaba cómico en su situación dijo a Cipriano.

—No debiste traerme contigo, hechicero.

—No podía dejarte a merced de las autoridades a quienes ya has agotado la paciencia según veo... ¿Cómo te llamas?

—Ananda —un vago recuerdo cruzó por la mente del médico—.

—¿Ananda de Alejandría?

—No. En realidad, solo soy Ananda, la adivina.

—Adivina... ¿Por eso sabes quién soy?

—Sé muchas cosas que no me gustaría saber.

La conversación que siguió a estas palabras fue interrumpida por Kemi, quien con una sonrisa radiante anunció a su padre que Calixto deseaba hablar con él.

Iba elegantemente vestido y aceptó gustoso el vino y la fruta que Nadir le presentó.

—Dime, Calixto, ¿qué deseas?

—Estimado Cipriano, médico y hechicero. Has de saber que mi hermano Gregorio y yo somos hijos de Hilarión, próspero comerciante que ahora se encuentra en Leptis Magna de donde no ha podido regresar debido a su delicada salud. Por lo mismo me ha escrito para que me presente como pariente de Gregorio a hacer una solicitud ante ti.

El mago guardó silencio en espera de su petición.

—Se trata de que concedas a tu hija como esposa para mi hermano. He traído algunos presentes y la promesa formal de que si accedes, nada hará falta a Kemi y será como una hija y una hermana en nuestra familia.

Las palabras de Calixto tomaron por sorpresa a Cipriano, quien se dio el tiempo suficiente para ordenar sus pensamientos.

—No soy yo quien deba contestarte, sino mi hija. Ya que su respuesta dará rumbo definitivo a su destino.

Luego, dirigiéndose a ella inquirió: hija. Mi querida Kemi. Calixto te pide por esposa para su hermano Gregorio. Dime tu respuesta.

Calixto se extrañó de que la joven fuese cuestionada por el padre, ya que el consentimiento de este bastaba, pero guardó silencio pensando que se trataba de una costumbre propia de los lugares lejanos de los que padre e hija provenían.

—Quiero casarme con Gregorio, dijo Kemi con seguridad.

—Entonces, establezcamos la fecha y condiciones del matrimonio, —concluyó el mago.— Luego veremos lo referente al festejo.

Cuando muy satisfecho del éxito de su encomienda, Calixto se marchó, Cipriano confrontó a su hija un tanto sorprendido y molesto.

—¿Por qué no me habías mencionado nada sobre tu relación con Gregorio?

—Porque no estaba segura de sus sentimientos hacia mí y dudaba de que me quisiera por esposa, —murmuró Kemi con la vista baja.

—¿Por qué?

—Por causa de nuestras creencias religiosas... Su familia es cristiana y nosotros somos paganos y... hechiceros, —terminó en un susurro, como si temiera lastimar a su padre.

Él se aproximó, le hizo levantar el rostro y le dijo con ternura:

—Dime ¿qué creencia puede estar tan equivocada como para oponerse al amor?

—Padre... y si tuviera que...

—¿Abandonar el culto a la Gran Madre? —apuntó él para darle valor.

Kemi no podía hablar. Sentía la boca seca y quería llorar.

El padre continuó: —Me dolería mucho que abandonaras el culto a la Antigua Madre, pues ha estado en nuestra familia desde tiempos inmemoriales. Pero más me dolería que perdieras la oportunidad de una vida feliz solo por complacerme.

La joven abrazó a su padre rebosante de amor y gratitud. Él acarició su cabeza. Sentía sin embargo, una profunda tristeza. Recordaba que él mismo, siendo muy joven, había estado dispuesto a abandonar incluso, la promesa de custodiar la efigie hecha a su padre por amor a Bilquis.

Los días transcurrieron. Gregorio hizo hermosos obsequios a Kemi y acordó con el padre de su prometida que se realizarían el contrato matrimonial y un banquete lo más pronto posible para que los jóvenes pudieran partir cuanto antes a reunirse con la familia del Gregorio, que rogaba porque su padre viviera para conocer a la hermosa Kemi.

Ananda se ofreció a acompañar a Kemi e iniciar así una nueva vida, pero el prometido no aceptó, pues ella era una adivina proveniente de una tierra lejana donde se adoraban monos y elefantes. La mujer tuvo que aceptar este argumento a regañadientes. No dejó por esto de auxiliar a Nadir y a la propia Kemi en la organización del banquete y en la complicada tarea de hacer el equipaje de Kemi.

—Gregorio, haré entrega de la dote de mi hija el mismo día que partan a Leptis Magna. ¿Estás de acuerdo? Sabrás que pongo en tus manos una gran parte de mi fortuna.

—Lo sé, señor, y estoy muy agradecido.

—Bien. En cuanto al rito elegido para la ceremonia. ¿Qué has decidido?

—Una vez que estemos junto a mis padres, nos casaremos también como lo hacen los cristianos... Si usted no se opone, claro.

—En esto es mi hija quien debe disponer. Yo solo quiero pedirte que cuides de ella. Que la protejas, porque es el tesoro de mi alma —el mago miró fijamente al joven, quien bajando la vista ante el poder que se reflejaba en los oscuros ojos del hombre dijo: "Se lo prometo".

Kemi no podía dormir la noche anterior a la boda. Una inmensa felicidad le impedía cerrar los ojos, pero también una gran preocupación, pues Calixto su futuro cuñado, tuvo que partir de improviso a Leptis Magna. Habían recibido muy malas noticias sobre la salud de Hilarión. Esta situación hacía que el inicio de su vida matrimonial no estuviese plena de dicha para su querido Gregorio. Aunque el esfuerzo que este hacía para mostrarse animado era conmovedor.

El nuevo día la encontró despierta. Ayudada por Nadir y las esclavas se vistió y peinó. Llevaba una túnica blanca ceñida por un cinturón, un velo rojo sobre su cabeza y joyas de oro. Su hermosa piel oscura resaltaba con su traje de novia.

En la cocina Ananda disponía todo y daba órdenes a las esclavas que preparaban el pan, los pasteles de dátiles e higo, los pescados en salsas diversas y los corderos con cebolla y especias. La casa estaba ocupada por varias mesas y había un lugar para los músicos. En una de las habitaciones se habían colocado las vasijas con vino.

Los invitados fueron llegando: clientes de Hilarión, pacientes de Cipriano, vecinos y colegas del mago. Kemi se sentía dichosa. Pronto la casa se encontraba llena de personas que conversaban alegremente.

Cipriano se acercó a su hija sonriendo. —¿Eres feliz, Kemi?

—Me duele separarme de ti y dejarte solo.

—Pronto iré a visitarte.

—¿Sabes, padre? Me hubiera gustado que Hereret y Reba estuvieran aquí. Ellas y... mi madre.

El mago la abrazó con ternura y la consoló. —Dado que tu futuro suegro está tan delicado, no hubo tiempo para que tus amigas te acompañaran, en cuanto a tu madre, se sentiría feliz de ver a su hija tan bella.

Gregorio llegó sonriente. Aunque su familia no había podido acompañarlo, pronto se reuniría con ella, llevando con él un verdadero tesoro.

La fiesta superó por mucho las expectativas de los novios y de los invitados. Abundancia en la bebida y la comida. Músicos, bailarines y malabaristas. La diversión se prolongó hasta las primeras luces del día siguiente, pero los recién casados no tenían tiempo para descansar, pues esa misma tarde se marcharían con una caravana que bordearía la costa del mar hacia el este, pasando por Leptis Magna donde el destino aguardaba a Kemi, apartándola por mucho tiempo de los suyos.

El sol estaba en su punto más alto cuando la caravana partió llevándose a Kemi. Cipriano experimentó un dolor que nunca antes, ni aún con sus más terribles pérdidas, había sufrido y el temor lo invadió.

Ananda fue quien entregó la dote de Kemi a Gregorio en una bolsa que el joven revisó y guardó en su túnica. Luego la adivina se despidió de ambos con un prolongado abrazo.

La caravana, verdaderamente extensa, partió custodiada por soldados del imperio. Camellos y caballos iban cargados de telas, joyas, frutos, armas, especias, y un sinfín de bienes, incluyendo pobres esclavos, para los habitantes de las prósperas ciudades ubicadas al norte del continente africano.

Después de la primera jornada que resultó muy larga, se decidió hacer un alto y se instalaron las tiendas para que descansaran los viajeros. Solo los esclavos dormirían en el exterior, vigilados por los hombres de Macario, el comerciante que los vendería a nuevos amos.

Bajo las estrellas, las dunas se perdían hacia el sur y el mar se volvía infinito hacia el norte. Kemi aguardaba emocionada la noche primera junto a Gregorio. Se había perfumado la piel y cepillado su cabello y su corazón no le cabía en el pecho de felicidad. Súbitamente él entró en la tienda con una expresión terrible en el rostro.

—¡Levántate! ¡Esta historia ha terminado! —le ordenó sacudiéndola con violencia.

—¿Qué sucede, Gregorio? —respondió ella alarmada.

—¡Entrégame la efigie! Supongo que la trajiste contigo. ¡Prometiste que por amor a mí la traerías!

Kemi, temblando le entregó un envoltorio que él recibió asiéndolo como si se le fuese a escapar.

—¡Por fin! —exclamó como si se quitara un gran peso de encima.— Mi familia será libre.

—¡No te entiendo! ¡Explícame te lo ruego! —suplicó la joven contrariada.

—Mi padre adquirió una terrible deuda y puede terminar como esclavo -dijo dirigiéndole una mirada angustiada.— Me ofrecieron una gran suma por entregar la estatuilla de tu diosa. Al fin y al cabo, es una blasfemia pagana.

—Entonces tu familia no está en Leptis....

—¡No! —gritó exasperado.— Está en Roma... Tu dote y el dinero que me darán por la efigie saldarán la deuda. El obispo de Alejandría intercederá para ayudarme...

—¿Por qué no me dijiste esto? ¿Por qué tu hermano nunca lo mencionó? —preguntó ella que no salía de su asombro.

—Mi hermano no existe.

—¿Qué harás conmigo ahora? —preguntó confundida por estas palabras y sintiendo un nudo en la garganta.

—No tenía otra opción... Ahora no puedo permitir que regreses con tu padre.

Se abalanzó sobre ella y rompiendo un trozo de su vestido le ató las manos y los pies.

—Creo que Macario, el mercader de esclavos me tendrá que dar una buena cantidad por ti –dijo apresuradamente y salió de la tienda.

Ella no salía de su estupor. Por primera vez en su vida experimentaba el terror y comprendía que estaba indefensa. Intentó invocar a la Gran Madre, pero el dolor y la confusión no le permitían encontrar el camino que unía su corazón al de la divinidad.

Poco después Gregorio regresó. Mostrándose insensible ante el llanto de la joven.

Kemi creía estar soñando una horrible pesadilla. Engañada, humillada y a punto de ser vendida como esclava. Ahora le esperaba un destino peor que la muerte. Acabarían sus días en alguna tierra lejana y nunca más volvería a ver a su padre.

Macario, el vendedor de esclavos entró en la tienda. Llevaba el rostro cubierto para protegerse de la arena y puso una mano amistosa sobre el hombro de Gregorio.

De pronto este, con un gesto de dolor se llevó la mano al

cuello y abrió la boca para gritar, pero el hombre se la cubrió con brutalidad impidiendo que lo hiciera y lo obligó a arrodillarse.

El extraño se descubrió el rostro y ante la asombrada Kemi apareció su padre, cuyos ojos parecían lanzar llamas.

—Te ha mordido mi amigo escorpión, Gregorio. Tengo conmigo el antídoto y puedo salvarte si me confiesas por qué le has hecho tanto daño a mi hija. ¡Habla o morirás!

Gregorio suplicó mientras temblaba de dolor: el sudor cubría su rostro y sentía como si ardiera por dentro.

—¡Perdón! ¡Lo hice por mis padres! ¡No tenía alternativa!

—¡Mi hija no es culpable de eso! Ahora, tu tiempo se acaba... ¡Dime quién te envió a cometer esta infamia!

—¡Mi tío Crisóstomo, el asistente del patriarca! Fue una orden desde Roma... por favor... ¡No quiero morir!

—¡Engañaste a una mujer que te amaba e ibas a condenarla a un destino de sufrimiento y miseria por dinero!

—¡Hechicero, ten piedad! ¿Qué será de mi familia? Este veneno me devora... ¡No quiero morir!

El cuerpo de Gregorio empezó a convulsionar y sus palabras se volvieron inteligibles.

Cipriano lo contemplaba impasible. Le dijo como si pronunciara una sentencia: —Mantengo mi palabra. No morirás, porque la muerte es poco para quienes hacen daño a los inocentes.

El cuerpo de Gregorio se sacudió por última vez. Una flama azul escapó de su boca. Cipriano la atrapó en una caracola labrada en cuarzo que sacó de entre su ropa.

Desdichado traidor —dijo lentamente—. Quisiste privar a mi hija de su libertad en esta vida. Ahora has perdido la tuya. Tu alma es mi prisionera y no alcanzará la eternidad-. Hurgó entre las ropas del cadáver y recuperó la estatuilla. Luego tomó a Kemi con delicadeza la llevó fuera de la tienda.

—¿Qué sucede aquí? —preguntó el jefe de la caravana.

—Un escorpión ha mordido a un hombre ahí adentro —respondió ya sereno el mago.

—¡No es posible! ¡Lo mismo le ha sucedido a Macario, el tratante de esclavos! —se lamentó el hombre.

—Debe ser el mismo escorpión —concluyó el mago y se alejó con su preciosa carga acompañado de sus esclavos sin que nadie se cruzase en su camino de regreso a Alejandría.

Días después, Kemi ya se había recuperado atendida por su padre, Nadir y Ananda.

—¿Cómo llegaste tan oportunamente, padre?

—Había demasiadas cosas que no podía comprender desde un principio. Encontrar a Calixto solo en el desierto. La única forma en que pudo haber llegado ahí era con la caravana misma. Nos seguía desde Tebas. La planta que había ingerido le haría sentirse mal, pero no en el estado grave que fingió padecer. El increíble parecido entre ambos gemelos y que nunca los vimos juntos. Además, me enteré de que Hilarión, el comerciante, se había marchado de Alejandría tiempo atrás. Algo no estaba bien. Considerando todo esto alcancé la caravana y me uní a ella, de esa manera podía sorprenderlo en caso de que mis sospechas se confirmaran.

—¡Anda, hechicero! ¡No niegues mi participación en esto! —exclamó Ananda mientras servía un plato de sopa de pescado a Kemi.

—Es verdad. Ananda fue quien me alertó en contra de Gregorio aquel día en que conversábamos y tú llegaste a comunicarme que Calixto venía a pedirte por esposa para su supuesto hermano.

—¿Cómo lo supiste, Ananda?

—Lo adiviné, Kemi. Pero le pedí a tu padre que aguardara y vigilara. No quería privarte de la felicidad en caso de que me hubiera equivocado.

—También fue Ananda quien rescató la dote. Lo despojó de la bolsa al darle aquel fuerte abrazo cuando se despidió de él.

—Padre. No entregué la estatuilla original. Le di mi muñeca.

—El padre le acarició el rostro sonriendo. Deseaba desde lo profundo de su ser que su amada hija algún día pudiera recuperarse de tan dolorosa experiencia. Bien sabía que él, con todos sus conocimientos de medicina y magia no podía ayudarla, solo el tiempo sería capaz de sanar esa joven alma.

XIX

Aliento de vida

L os días transcurrieron serenos y paulatinamente la alegría regresaba al hogar de Cipriano. Kemi se dedicaba a aprender, con mayor ahínco que antes, todo lo que su padre le enseñaba para vencer enfermedades y hechizos. Nadir se ocupaba de las tareas de la casa y las labores de los esclavos. Ananda, por su parte, amenazaba constantemente con marcharse esperando a que todos le retuvieran con ruegos, lo que siempre sucedía.

Una mañana Crisóstomo, el asistente del patriarca y conocido enemigo de Ananda, se presentó ante Cipriano, pero no lo hacía en busca de la bruja para encerrarla. Venía de parte de Domicio Casio, un noble y muy poderoso ciudadano, a pedir al hechicero que le visitara, pues requería su ayuda. El mago sintió cómo la ira se apoderaba de su ser al ver al tío de Gregorio, pero decidió aguardar la oportunidad para arreglar las cuentas con él.

Crisóstomo no pudo dar detalle del motivo de esta solicitud, solo se limitó a señalar lo grave que sería el hecho de no atenderla.

El médico se presentó en la hermosa casa de Domicio que se levantaba en la zona de Alejandría donde habitaban las familias políticamente poderosas. Una vez ahí fue recibido por el propio dueño, quien le trató con gran cordialidad invitándole a tener una conversación a solas.

Domicio le mostró entonces un muy antiguo papiro del que deseaba conocer el contenido.

—Sé que usted posee un amplio conocimiento sobre lenguas y saberes antiguos. Un mercader encontró este documento en las ruinas de Palmira y me lo ha vendido a precio de oro. Espero que sea lo que he buscado por tanto tiempo.

Cipriano tomó el rollo con delicadeza, como acariciándolo. Se trataba de un escrito en persa, pero poco a poco el hechicero dedujo que era una traducción de algo que había sido escrito mucho tiempo atrás, en la cuna del zodiaco y los zigurats, la vieja Babilonia.

Los ojos del mago se abrían llenos de asombro, estaba leyendo el antiguo e inmencionable conjuro para devolver la vida a los muertos. Supuso entonces que Domicio Casio deseaba resucitar a alguna persona muy amada y se preparó para explicarle que, si bien las almas de los fallecidos podían regresar, no sucedía lo mismo con los cuerpos. Se sabía del caso de Lázaro, a quien Jesús, el Maestro, resucitó en alma y cuerpo, pero el noble ciudadano se adelantó para aclararle:

—Esto no es sobre un cadáver, respetado médico. No de una persona muerta. Se trata de... tener una esposa. Pero no una mujer de carne. No. Ya sufrí mucho cuando falleció la mía al dar a luz a nuestro primer hijo, que también murió. Yo la amaba más que a mí mismo –continuó el hombre con la voz quebrada—Todos estos años me he debatido entre el dolor de su pérdida y la necesidad de llenar esta soledad que me aniquila, lo que me hace sentir que traiciono su recuerdo.

Los ojos de Domicio se humedecieron y su armonioso rostro parecía avejentado, como si sufriera de una larga enfermedad.

—Domicio Casio, aun no comprendo cómo puedo aliviar su sufrimiento.

—Quiero tener conmigo otra vez a mi esposa Macrina, pero que nunca muera. Quiero... una mujer como ella, pero de madera. He escuchado que en épocas pasadas se fabricaron muñecos que podían confundirse con seres humanos y que incluso, eran capaces de imitar sus movimientos.

—Cierto. Se les llamaba autómatas. Pero en ese caso usted debe recurrir a un buen artesano y constructor de esas maravillas.

—Actualmente es muy difícil encontrar a alguien que pueda hacerlo. Ese magnífico arte cayó en desuso. Sé que en la biblioteca del Serapeum se guardan aún textos que explican cómo hacerlo. Esa es una de las razones por las que estoy solicitando su ayuda. Hermógenes, el bibliotecario, me ha dicho que los textos antiguos no tienen secretos para usted, incluso si se encuentran encriptados en algún lenguaje misterioso.

—La segunda razón —continuó Domicio— es que usted es amigo de uno de los más reconocidos artesanos que han vivido en Alejandría, Simón de Samaria, y le he convocado para que trabajen juntos en este proyecto de vital importancia para mí.

Cipriano no salía de su asombro y Domicio no le dio tiempo para hacer preguntas.

—Aún hay una tercera razón, la más importante. Estoy informado de que en la ciudad se le considera un hechicero excepcional. Usted es alguien que puede entender y poner en práctica este conjuro con éxito.

Cipriano guardó silencio comprendiendo el riesgo que tal tarea implicaba; por eso preguntó con serenidad:

—¿Qué motivos tendría para aceptar esta tarea que podría tener graves consecuencias?

—Por una parte, una cuantiosa recompensa en oro; por la otra, la vida de un muy querido amigo suyo —respondió Domicio con frialdad.

—¿De quién me habla?

—De su amigo, quien sedujo y raptó a la esposa de mi querido tío Teodoro, comerciante que vivía en Meroe.

—Taris...

—Así es. Lo he invitado a pasar una temporada aquí en Alejandría en compañía de sus dos hijos y su mujer. Bueno, la mujer de mi tío.

—¿Dónde están ellos ahora? —preguntó el médico con desconfianza.

—Prisioneros, esperando que se haga justicia al viejo Teodoro.

—Ese hombre trataba a su esposa como a una esclava, o a un animal. Además, esto sucedió hace muchos años. No creo que el malvado anciano aún viva. El muy miserable nos traicionó.

—Mi tío está vivo y saludable. Además de contar con la amistad del Patriarca. Lo que haya pasado entre todos ustedes y Teodoro no es asunto mío. Solo me interesa conseguir una esposa bella e inmortal. A cambio le ofrezco la libertad de su amigo y la familia de este. También le recompensaría generosamente y hay algo más. Usted sabe que cada vez se toleran menos la práctica de la hechicería y el paganismo. Yo puedo brindarle mi protección para que ejerza sus tareas de médico y sobre todo, de mago sin dificultad alguna. Incluso puedo garantizar la permanencia tranquila de su amigo Simón aquí en la Alejandría que él tanta ama, una vez que hayan concluido la tarea que les he pedido.

De acuerdo con las circunstancias, el hechicero no tenía posibilidad alguna de negarse. Sin embargo, por encima de todo este panorama de dificultades, había una advertencia que debía hacer.

—¿Tiene usted idea de lo que me está pidiendo?

—No. Solo le suplico que trate de comprenderme. No soy un demente, solo hago todo lo que está en mis manos para tener un poco de felicidad y de hecho, si lo piensa bien, también estoy ofreciendo un poco de alegría a personas que le importan a usted. Intuyo que cumplir mi solicitud no es fácil. Ignoro todo sobre encantamientos... ayúdeme y conocerá mi gratitud.

Había en su tono y en su mirada tal desesperanza que el médico entendió y casi justificó su comportamiento. En esas condiciones un hombre puede ser una amenaza para quienes le rodean.

—Debe saber —dijo Cipriano mirándole a los ojos con honestidad— que no puedo garantizar que todo suceda de acuerdo con sus expectativas. No hay seguridad de que el conjuro sea real.

—Haga cuanto pueda. Hay mucho en juego para usted.

—¿Qué sucederá si fallo?

Entonces las cosas seguirán el curso que tienen ahora —

dijo Domicio Casio con voz fatigada, dando por finalizada la conversación.

Cipriano se dirigió a su casa pensando en el hecho de que en sus manos tenía el destino de personas que le eran tan queridas. También comprendía el terrible sufrimiento que padecía el corazón de Domicio. Él mismo había perdido a una mujer amada, pero a diferencia de Casio, el médico aún tenía una débil esperanza de encontrarla.

Largas noches dedicó Cipriano a la lectura de textos en la biblioteca del Serapeum, contrastándolos con aquel que le entregara Domicio para lograr la mejor traducción posible. En tanto, fue de gran alegría para él volver a ver a su amigo Simón, quien semanas atrás, por órdenes de Dionisio Casio había emprendido el camino desde Tebas, para hacerse cargo de la fabricación de la efigie de madera.

El orfebre fue recibido con verdadero cariño, como huésped en casa de Cipriano y venía como portador de importantes noticias. Hanna, su hermana mayor, había fallecido, y Reba se había casado con un pariente lejano suyo y ahora vivía en Berenice. Él había aceptado la tarea de elaborar un objeto bello y valioso para un importante ciudadano de Alejandría, a cambio de una cuantiosa paga y la garantía de no ser perseguido ni por romanos, ni por griegos, ni por sus propios correligionarios que le consideraban un hereje. Podría por fin vivir en paz.

—Cipriano, amigo. Mucho y malo me reporta este asunto. Si no me apego a las exigencias de ese Domicio, los bienes de mi familia, incluyendo los de mi yerno me serán confiscados. Por otro lado, si colaboro contigo, puedo incluso regresar a mi querida Alejandría protegido por las autoridades del imperio.

Estas palabras dejaron muy en claro para el hechicero el poder que poseía Domicio.

—En mi caso, querido Simón —dijo Cipriano— se encuentra en riesgo la libertad de otro amigo mío y el destino de su familia. Por lo tanto, tenemos que hacer nuestro mayor esfuerzo. Este hombre es pariente muy querido del emperador, lo que lo vuelve un enemigo muy peligroso.

El hechicero explicó al orfebre la misión que se les había encomendado. Simón dudó, pero finalmente accedió. Ambos se presentaron ante el poderoso funcionario. Este les entregó la máscara funeraria de su esposa, quien había sido una mujer realmente bella. Mientras miraba la máscara, hablaba para sí mismo describiendo a su compañera detalladamente, sus ojos, el color de su piel, su cabellera larga, sus manos, senos, pies... La describía con tal ternura, que conmovió a los dos hombres que le escuchaban.

Cuando concluyó el retrato hablado de su amada muerta y luego de un largo silencio, Cipriano solicitó ver a Taris, su amigo prisionero a lo que Domicio accedió. Ordenando a uno de sus esclavos que condujera al mago y al orfebre al edifico en que estaban encerrado con su familia.

Las tristes condiciones en que se reencontraron Cipriano y Taris no minaron la alegría que inundó sus corazones. El rostro de Selenis se iluminó cuando les presentó a los hijos de ambos, un atractivo joven y una niña tan hermosa como la madre.

—¡Cuánto pesar he causado a los míos! —dijo llorosa la mujer.

—No digas eso -sentenció Cipriano.— El amor y la razón han vencido antes, ahora también vencerán.

—No sabíamos qué estaba sucediendo. Recibimos la orden de presentarnos en Alejandría. Hicimos un largo viaje y al llegar nos encerraron. Comprendimos todo cuando hace unos días se presentó aquí Teodoro.

—¿Está aquí ese traidor? —preguntó indignado Cipriano.

—Sí. Vino a amenazarnos y se retiró furioso al conocer a nuestros hijos. Casi no puede tenerse en pie debido a su avanzada edad y aun así es presa de un terrible rencor.

—Haremos cuanto podamos para resolver esta situación— dijo el mago sin ahondar en explicaciones. Taris le miró con gratitud, pero en sus ojos no brillaba la esperanza.

Cuando Cipriano y Simón abandonaron la prisión el viejo judío dijo con convicción: —Es urgente que atendamos el demente deseo de ese desdichado.

Acordaron con Domicio que debían trabajar en la casa de este, en el más absoluto secreto, pues los conocimientos que debían poner en práctica no eran aceptados ni siquiera en la avanzada Alejandría. La fabricación de un autómata, como se había hecho en el pasado, quedaba restringido al ámbito de los sabios de la biblioteca, ya que los mecanismos que daban movimiento a estas maravillas se habían conservado en el más riguroso secreto.

Para Simón, ayudar a crear una muñeca viviente contravenía sus creencias, Domicio se exponía a la crítica e incluso el rechazo de la comunidad cristiana cada vez más poderosa en Alejandría e incluso ofendía su propio credo, pues era adorador de Mitras, el sol invicto. En cuanto a Cipriano, estaba consciente de que iba más allá de lo permitido por su fe en la Gran Madre. Pero por sobre todo esto, la libertad y el destino de una familia estaba en riesgo.

Hermógenes se alegró mucho de volver a ver a Simón de Samaria y luego de dispensarles una calurosa bienvenida a sus amigos les dejó consultar los viejos pergaminos. No era mucho el contenido útil que encontraron, pero el judío se emocionó al reunirse con sus amados textos que ahora estaban bajo custodia y a salvo.

En casa de Domicio Casio, al caer la noche, iniciaron el proyecto. La figura debía ser de madera de cedro sagrado y perfectamente articulada, pues dar espíritu de vida y movimiento a una estatua rígida no era posible. Dentro, una serie de engranes, el verdadero secreto de los autómatas, debían ser tallados en oro y gemas, no solo para evitar su envejecimiento, sino para permitir que la magia fluyera en las entrañas de la muñeca. La obra avanzaba lentamente y sus hacedores se entregaban a ella, a pesar suyo, con verdadera devoción.

Cipriano había logrado que Taris y su familia recibieran un mejor trato debido a que Domicio había conversado con Teodoro y el anciano le había advertido sobre los poderes del hechicero a quien aún temía.

Después de meses de trabajo, la figura fue concluida. Conforme su elaboración avanzaba, el carácter del atormentado noble había cambiado, serenándose. Era amable con Cipriano y Simón, quienes habían depositado no solo horas en su obra, sino verdadero cariño. El judío llegó a decir que ya podía morir en paz pues había tallado la joya más perfecta de su vida. Aún faltaba lo más importante, la parte que correspondía realizar a Cipriano.

Los tres hombres contemplaban la deslumbrante efigie. Sus ojos y boca podían moverse gracias a cordones ocultos en sus cabellos. Varias partes de su cuerpo articuladas se podían flexionar sin que sus mecanismos emitieran sonido alguno.

Descansaba sobre un pedestal cuyas cuatro ruedas permitían trasladarla por la casa. La estatua podía ser desmontada y descansar sentada en su sillón o ser acomodada en su cama, incluso un diseño especial permitiría a Domicio yacer con ella, casi como si fuese una mujer de verdad.

Llegó el momento crucial, noche de luna nueva. Cipriano pidió quedarse a solas e invocó a la Gran Madre para suplicar su favor. Bien sabía lo que iba a hacer.

Trazó un círculo de sal y aceite alrededor de la mesa en la que descansaba la estatua. Con una daga de cristal negro hizo una incisión en la palma de su mano derecha, brotó sangre que mezcló con barro y polvo de oro.

Con esta sustancia dibujó sobre la frente, los ojos, la palma de la mano izquierda y el corazón de la figura de madera, los temidos signos secretos.

Invocó el nombre prohibido de la deidad que da la vida. Un miedo profundo se apoderó de él, pero ya era tarde para retroceder. Experimentaba el momento supremo en que la soberbia de tener el poder de animar lo inanimado podía vencer a las más nobles intenciones y destruir al resucitador...un instante de horror y el peligro pasó. Extrajo de entre sus ropas una caracola tallada en cuarzo en la que aún brillaba un resplandor azul. Era la misma caracola en la que el hechicero aún guardaba atrapada el alma de Gregorio, el infame marido de su hija. La colocó sobre los labios de la efigie de tal manera que la flama se introdujo en estos, dejando su prisión de cristal.

—Cumple tu cometido final —dijo en un susurro, y esperó—.

Un crujir de madera, sutil primero y progresivamente más fuerte, sobresaltó al propio mago quien se aproximó a la muñeca y con gentileza la ayudó a sentarse y luego a girar para ponerse de pie. Lo que hizo con lentitud, como si se tratara de un enfermo que hubiese estado en cama mucho tiempo.

Los pasos de la dama eran lentos y parecían los de un cuerpo muy pesado. Cipriano la hizo subir por una rampa al pedestal del que tiraba la mano temblorosa del médico.

Domicio y Simón contemplaron la efigie sorprendidos, pero al verla estática el romano se disponía a protestar, cuando la mujer giró lentamente la cabeza dirigiendo a él sus ojos inexpresivos.

El noble romano sintió un escalofrío, pero luego, al comprobar la sorprendente similitud que guardaba la dama de madera con su esposa fallecida, recobró el ánimo y recibió de manos de Cipriano la hermosa cadena dorada con la que podía mover la plataforma rodante para trasladar a Macrina. Esa copia de su esposa muerta que ahora viviría... o algo así.

Fiel a su palabra, Domicio entregó al hechicero la carta que liberaba a Taris y la familia de este. Simón recibió una que garantizaba su seguridad en la ciudad. Ambos fueron recompensados con una importante suma en oro.

En casa de Cipriano las mujeres habían dispuesto un banquete para celebrar la libertad de Taris y su familia.

Ananda buscó el momento para acercarse al médico y mirándolo con satisfacción le dijo:

—Has hecho bien en liberar el alma de ese muchacho.

—No la liberé. La guardé en otra parte solamente. Le he obligado a hacer el bien aliviando a un hombre que padecía la pérdida de su mujer amada.

—Tu intención es bondadosa... pero el alma del ruin Gregorio ha abandonado su prisión para perderse en la eternidad—, dijo Ananda y miró con sus ojos aceitunados a Cipriano, quien no comprendió las palabras de la adivina.

Semanas después, cuando Taris y su familia habían partido remontando el Nilo, Cipriano se enteró a través de Nadir, quien iba al mercado por víveres y noticias, de que Domicio Casio era objeto de comentarios porque salía a pasear acompañado de una hermosa figura de madera a la que además, hacía que sus esclavas vistieran y adornaran con joyas. Aún más, la llevaba a su lecho y dormía con ella. Se decía que la pena por la muerte de su mujer Macrina lo había hecho enloquecer, pero poco después corrió el rumor de que algunos servidores habían visto a la efigie de madera deambular por la casa haciendo retumbar sus pesados pasos o se sentaba por sí sola junto a él.

Esta situación no era un problema en tanto fuese tema de chismes, pero podría tener consecuencias graves si las autoridades prestaban atención. La existencia de una dama de madera viviente podría acarrear dificultades a los involucrados.

El secreto compartido por Domicio y el mago había dado origen a una relación estrecha entre ambos. Era una sólida complicidad que los acercó. Además, el único lugar al que el noble funcionario podía hacer visitas, dadas las circunstancias, era la casa del mago, o invitar a este a la suya, pues debido a su excéntrica relación con la dama de madera, no era muy frecuentada su residencia.

Todo empezó una tarde en que Domicio se presentó con su extraña esposa en casa del hechicero respondiendo a una invitación de este. La familia los recibió con afabilidad y disfrutaron de una deliciosa comida. Al preguntar el romano quién era la cocinera, Ananda le fue presentada. El invitado quedó encantado con la mujer que había dirigido a la estatua una dulce mirada.

Al despedirse elogió nuevamente la comida y miró a Ananda con profunda gratitud.

Poco después, en ocasión de recibir a Cipriano y a la hija de este se extrañó de no ver a Ananda con ellos. Al enterarse de que vivía en casa del mago como protegida, pidió permiso para contratarla como asistente de su esposa, ya que ella no contaba con amigas. Habló con admiración de los ojos aceitunados y el cabello brillante de la adivina.

Cuando estuvieron Kemi y su padre en casa, este comentó a la joven que él nunca había reparado en las características que Casio había notado en Ananda. Esta no pudo ocultar su satisfacción cuando Kemi le comentó lo que el noble romano había dicho y su propuesta de emplearla como acompañante de su silenciosa esposa.

—No te entusiasmes, mujer —dijo irritado Cipriano.— Deja que Domicio Casio se entere de los líos que eres capa de armar.

Ella se limitó a mirarlo con despreció y se marchó a la cocina.

Las visitas de Domicio y Macrina se hicieron más frecuentes e incluían algún presente para Ananda a nombre de los dos.

Una tarde, la adivina habló con Cipriano para solicitar su autorización para mudarse a la casa del romano.

—Puedo irme cuando quiera, hechicero, pero has sido amable y generoso conmigo, por eso te lo comunico.

Él sintió como un ligero golpecito en el pecho y antes de reflexionar sus palabras le espetó a la mujer:

—¿Qué dices, mujer insensata? ¿No ves que tarde o temprano se enterará de que eres una adivina que profetiza la caída del imperio? ¡Tú sabrás qué haces, pero como mi invitada te sugiero que lo pienses bien!

La adivina se retiró mascullando insultos, pero continuó en sus tareas aguardando que el médico estuviera de mejor humor. Este se sentía molesto, en contra de su habitual serenidad y cuando Kemi le suplicó que no dejara ir a Ananda, Cipriano estuvo totalmente de acuerdo.

Una mañana, soleada y alegre, llegó Domicio a casa de Cipriano. Elegantemente vestido y de magnífico humor, esta vez no iba acompañado de su Macrina. Sentado aguardaba a Cipriano y miraba a Ananda desplazarse de aquí para allá. Esta se movía insinuando sus notorios encantos, mismos que el mago nunca había notado hasta que siguió la vista de su invitado.

Mientras bebían vino con miel, Domicio dijo al hechicero:

—Nunca podré agradecerte suficientemente lo que has hecho por mí al animar a mi dama de madera, pero debo confesarte que, —dijo bajando la voz— he decidido que puedo prescindir de ella.

—¿Cómo? —exclamó el médico recordando el riesgo que había afrontado como hechicero para cumplir la petición de Domicio.

—Debes saber que corrimos con suerte, pues el conjuro que se efectuó nos pudo costar la vida misma, sobre todo a mí —dijo con brusquedad a Casio.

—Yo no entiendo de magia. Te repito que estoy en deuda contigo, pero debo reconocer que me había extraviado en mi dolor. Mis lágrimas no me dejaban mirar el esplendor del sol y... he descubierto que el corazón que yo creía muerto, ha retoñado como una viña.

Miró a Ananda que trajinaba en la cocina. En los ojos del solitario hombre había ternura, pero también una chispa de deseo.

Cipriano sintió enfado contra él.

—Mira, —continuó Domicio— quiero pedirte dos favores más. Dirás que soy un necio, pero siento que estoy despertando de una terrible pesadilla y que empiezo a disfrutar la luz del día. Quiero primero que me libres de la muñeca. Te pagaré lo que me pidas y quiero... quiero tener en mi casa a Ananda.

El médico se revolvió disgustado en su asiento.

—No existe la manera de deshacerse de Macrina. Ella no está viva, por lo tanto, no puede morir. Tendrías que destruirla y aún eso es muy difícil. Su interior está fabricado con gemas. Además, ¿qué función tiene aquí Ananda? Tú sabes que no puede ser para ti más que una concubina dados sus orígenes desconocidos y tu noble cuna.

La mencionada que se acercaba con una jarra de vino y dos vasos, soltó estos y corrió hacia el interior de la casa.

Cipriano se quedó en silencio, como congelado. Domicio se puso de pie y dijo con calma:

—Amigo mío, comprendo que el tiempo, el esfuerzo y el conocimiento que tu amigo judío y tú dedicaron a mi Macrina te duelan como una pérdida si ella dejara de existir. Puedo obsequiártela, pero no me niegues la posibilidad de ser feliz con una mujer de carne en mi casa, en mi mesa y en mi cama.

El mago se conmovió, lo miró con aprecio y le acompañó, pues ya se retiraba. En cuanto estuvo a solas, se dirigió al rincón de la casa donde Ananda había instalado sus cosas y la vio empacando estas.

—Puedes marcharte con Domicio Casio— dijo simplemente, pero sentía una punzada en el corazón y un deseo incontenible de llorar como un niño. Como años atrás cuando Bilquis lo abandonara.

Durante la noche no concilió el sueño. No había manera de extraer el alma de Gregorio de la estatua pues ya no moraba en ella. El hechicero ignoraba qué era lo que mantenía en movimiento a la escultura, la cual era además indestructible. Simón se había asegurado de eso cuando la fabricó. Estaba pensando en ello cuando un alarido lo sobresaltó. Ananda sufría un ataque de convulsiones. Se sintió culpable y fue a auxiliarla.

La abrazó para evitar que se golpeara y la sintió frágil y tibia, como una pequeña ave. Ella abrió los ojos y se quedó quieta, sintiéndose segura. Solo murmuró:

—Debes advertir de esto a tu amigo. Dile que ellos vienen, rasgando el velo y que entran en mí. No quiero engañarlo.
— Él guardó silencio.

Temprano, Cipriano y Kemi acompañaron a Ananda a casa de Domicio. Ella llevaba sus cosas en una bolsa. Iba limpia y con una túnica que la hacía verse muy bonita.

Al llegar a su destino nadie salió a su encuentro. Llamaron con insistencia y se alarmaron al no recibir respuesta alguna. Cuando finalmente el mago logró abrir la puerta, descubrieron un espectáculo terrible. Domicio Casio yacía sobre el suelo. La sangre brotaba de su boca y sobre él aplastando su cuerpo, estaba la estatua.

Las mujeres horrorizadas se devolvieron a su casa en tanto Cipriano daba aviso a las autoridades.

—Pobre loco —dijo uno de los soldados que habían ayudado a levantar la pesada estatua romana y rescatar el cuerpo del noble—.

El hechicero se acercó a la dama de madera que sobre su pedestal parecía dominar con su presencia la casa silenciosa. Eran ciertas las palabras de Ananda. Dentro de la efigie ya no habitaba el alma de Gregorio. El médico percibió cómo se escapaba de ella algo o alguien que ya no estaba vivo... o viva. Alguien que había vuelto a reclamar lo que le pertenecía.

El día fue largo, pero finalmente todo estuvo listo para las exequias. De vuelta en su hogar, Cipriano tranquilizó a su familia y todos se fueron a descansar. La luna era nueva y el silencio reinaba. Cipriano se levantó y sigilosamente se dirigió al rincón de la cocina que ocupaba Ananda. Murmuró su nombre y ella lo escuchó. Al ver que la mujer no se asustaba, acarició con ternura sus pechos, ella se puso de pie y él la condujo a su habitación.

Desde su época con Bilquis, Cipriano había estado ocasionalmente con alguna ramera, pero no había vuelto a hacerlo por amor. Sabía con toda certeza, que amaba de nuevo y en esta ocasión con mayor intensidad que la primera vez.

Al amanecer, el mago se dispuso a llevar a cabo una importante tarea, Se trataba de una visita a Crisóstomo, ayudante del Patriarca cristiano de Alejandría y cómplice de Gregorio en el plan para apoderarse de la efigie. Intriga que tanto dolor había causado a Kemi.

En un mensaje le pedía ser recibido y le recordaba su intercesión en el asunto de la dama de madera.

El anciano comprendió lo perjudicial que le resultaría estar involucrado en tratos con hechiceros y se vio forzado a recibir a Cipriano. Cuando este se marchó, encontraron a Crisóstomo sentado en el suelo, con la mirada extraviada y un hilo de baba manando de su boca. Había perdido la memoria para no recuperarla jamás.

Esta advertencia sería efectiva para cualquiera que pretendiera continuar la persecución en contra del culto a de la Gran Madre.

XX

El ídolo
de fuego

Los rumores sobre la misteriosa muerte de Domicio Casio y la extraña enfermedad de Crisóstomo despertaron el recelo entre los habitantes de Alejandría con respecto a Cipriano, además de esto, los disturbios entre griegos, judíos y romanos habían aumentado. El hechicero decidió que partir sería benéfico para todos. Con mayor razón ahora que las apasionadas noches que había compartido con Ananda, a cuyo cuerpo se aficionaba cada vez más, habían tenido como consecuencia el nacimiento de su segundo hijo, con ojos color de aceituna y rasgos que presagiaban el enorme parecido que tendría con su padre.

Si bien Kemi se había mostrado un poco triste cuando recibió la noticia del embarazo de la nueva compañera de su padre, bastó mirar la sonrisa y las manecitas de su hermano para que su desánimo se esfumara y cobrara gran cariño al recién nacido. Qué decir de Nadir, cuyos viejos huesos parecían haber recobrado ligereza y resistencia ante la presencia de un niño en la casa.

Una vez que Cipriano determinó que su mujer y el pequeño a quien en honor del abuelo llamaron Mitradis, podían viajar, vendió sus propiedades, liberó a sus esclavos y partió con su familia en una caravana que bordeando la costa del Mediterráneo dejaba Alejandría para ir hacia Occidente, a la antigua Cartago.

Después de una larga y fatigosa jornada, la caravana llegó a la ciudad que tenía uno de los puertos más magníficos del Imperio Romano, pues ostentaba una impresionante estructura diseñada para recibir un gran número de barcos de todas las nacionalidades.

En menos días de los que el mago había calculado, se encontraba ya instalado con su familia en el barrio de los comerciantes. Su casa tenía un patio rodeado por una galería, con jardín y un estanque al centro. La sala para recibir visitas y pacientes mostraba un mosaico con criaturas marinas. Las paredes del comedor estaban decoradas con escenas de la vida en el puerto y las recámaras aunque pequeñas, eran acogedoras. Además contaba con dependencias para alojar a los esclavos. El médico pronto se hizo de una numerosa clientela.

Kemi y Nadir se dedicaron a amueblar, decorar la casa, y de adquirir nuevos esclavos. Ananda dividía su tiempo entre el pequeño Mitradis y Cipriano, quien un buen día reconoció que Bilquis estaba cada vez más ausente en su memoria y no podía haber hombre más feliz cuando se tendía junto a Ananda, pues nunca era suficiente el tiempo que pasaban haciendo el amor.

Cartago era muy diferente a Alejandría. Ambas compartían los elementos propios de las ciudades del imperio, sus mercados, basílicas, templos y barrios. Pero mientras esta tenía un inconfundible carácter griego en la decoración de sus edificios y casas; la ciudad donde ahora vivían conservaba mucho de la cultual fenicia que le había dado origen, imprimiéndole un carácter militar más definido.

Quien se adaptó más rápidamente a esta nueva vida fue Kemi, que decidido empezar de cero.

Por consejo de su madrastra aparecía como una joven viuda, hija del médico recién llegado de Alejandría y por tanto su existencia no se vería limitada como la de las mujeres solteras ante la sociedad.

De este modo incluso podía asistir a su padre en la atención a los enfermos, algo no usual pero aceptable dada su condición.

Una tarde llegó a casa de Cipriano un hombre joven solicitando la presencia del médico en el barco que dirigía. Este acompañó al marino y Kemi se aprestó para seguirlo llevando una bolsa con utensilios de curación, pero el hombre la miró horrorizado.

Iba a protestar cuando una mirada de su padre le indicó que por lo pronto, su presencia no sería bien vista.

Cuando el mago regresó se le veía consternado. Ante las preguntas de su hija, le narró lo que había sucedido a la tripulación del barco.

Aparentemente habían llegado a la costa en excelentes condiciones, considerando lo duro que era un viaje por mar. Habían transcurrido apenas tres días cuando uno de los marinos había enloquecido repentinamente y atacado a tres de sus compañeros hiriéndolos de gravedad. Cipriano curó sus heridas y aunque uno de ellos había perdido una mano y otro un ojo, los tres estaban vivos y se recuperarían.

—¿Qué sucedió con el agresor?

—Luego de atacar a sus compañeros, se quitó la vida con su propio cuchillo.

—Si eran tres las víctimas, ¿cómo pudo hacer tanto daño?

—Eso es lo más asombroso. De hecho, había muchas personas más pues estaban descargando el barco. Pero el capitán, que es el hombre que tú viste, dice que la fuerza del agresor era descomunal y seis marinos fueron necesarios para detenerlo.

Padre e hija guardaron silencio, seguros de que algo muy extraño tenía que haber sucedido.

Días después, Kemi hacía compras en el mercado acompañada por Nadir, cuando se acercó a ellas un hombre de facciones agradables. Ella lo reconoció inmediatamente, era el mismo marino que había solicitado ayuda a su padre para atender a los hombres del barco. Recordando el gesto hosco con el que expresara inconformidad por la presencia de la muchacha en su nave, esta decidió ignorar su presencia y dar la media vuelta, pero él joven la detuvo amablemente.

—Agradezco la fortuna de volver a verla, señora.

Kemi era demasiado educada para echarle en cara su descortesía anterior, así que decidió escucharlo.

—Quería agradecer su intención de prestarnos ayuda días atrás; pero debe comprender que los marinos se muestran renuentes a ser atendidos por una mujer.

La sencillez del joven conmovió a Kemi.

—Comprendo. No tiene que darme ninguna explicación.

—Gracias —se limitó a decir él y se retiró rápidamente.

Kemi iba a comentarle a su padre lo sucedido cuando este salía intempestivamente de su casa con su saco de utensilios médicos en la mano.

—Kemi —le dijo alarmado— parece que otro hombre ha atacado a varias personas y creo que también se ha quitado la vida. Esta vez burlando a los soldados, quienes luego lo encontraron colgando de una cuerda.

Hacía poco que Cipriano había salido cuando Ananda fue sacudida por un acceso y tuvo una visión. Kemi y Nadir lograron llevarla a su lecho en tanto ella no dejaba de repetir:

—¡Él está aquí! ¡Los niños tienen miedo! ¡Los niños lloran!

Cuando el médico estuvo de regreso, su mujer dormía plácidamente al lado del niño, ambos atendidos por Kemi quien le habló acerca de las extrañas palabras de Ananda. Trataba de encontrarles sentido, cuando una esclava le comunicó que alguien lo esperaba en la puerta. Se trataba de un soldado que traía un mensaje de Quirino Silvio, un importante hombre de negocios y funcionario de Cartago. Le invitaba a su casa para hablar de un asunto de máxima importancia pero que requería de extrema discreción.

Una vez que Cipriano se vistió y acicaló convenientemente, se dirigió a la casa de Quirino en la zona más elegante de la ciudad. Como era de esperar, habría primero un banquete con gran número de invitados que no dejaban de elogiar el pescado en salsa, el cordero asado con ajo y hierbas, la sopa de vegetales, los pasteles de frutos secos, el pan especiado y el abundante vino. El hechicero debió aguardar a que se retiraran todos los invitados y ya caía la noche cuando pudo finalmente, hablar a solas con su anfitrión.

—Además de tener el honor de conocerte, pues he oído muchos y muy buenos comentarios sobre tu habilidad como médico, deseo conversar contigo sobre un asunto relacionado con tus otros conocimientos.

—Dime a qué te refieres. Si en mi mano está servirte y es para bien, cuenta conmigo.

—Es para bien. No solo de mi persona, sino de la ciudad misma. Luego de algunas indagaciones me he enterado de que no solo eres un médico de notorios conocimientos, sino que también eres un respetado hechicero. No me digas nada al respecto y te ruego que escuches primero.

Hace pocos días se inició en esta ciudad una serie de extraños sucesos que en verdad pronto desatarán el miedo entre sus habitantes. Como tú sabes, Cartago es el punto comercial de encuentro entre las regiones oriental y occidental de nuestro mar. Hace siglos costó mucho al imperio apoderarse de este enclave y desde entonces su poder y prosperidad se han fortalecido. Solo imagina cuáles serían las consecuencias si sus habitantes y los comerciantes que nos visitan se vieran obligados a huir de aquí.

El mago continuó atento a las palabras de Silvio.

—Hace solo unos días una extraña epidemia ha atacado nuestra amada Cartago. Varias personas han herido a conciudadanos y luego se han quitado la vida. No presentaban ninguna señal previa. No hubo fiebre, ni forúnculos, ni falta de apetito o dolor alguno previo a las crisis que experimentaron. Repentinamente toman herramientas que tienen a mano y se lanzan contra el prójimo así, sin más. Esto nos lleva a eliminar cualquier enfermedad del cuerpo y a pensar en algo que pasa en el alma. Algo que ya no tiene que ver con la medicina común, sino con la magia. Por eso es que ahora solicito tu ayuda. Este es un caso particular y de extrema gravedad. Los principales de la ciudad hemos decidido convocar a quienes puedan ayudarnos en este problema. Desgraciadamente hay muchos más charlatanes que verdaderos hechiceros. Alguien me ha aconsejado que recurra a ti pues tus habilidades en la magia son sorprendentes.

El médico comprendió que no podía negarse. Estaba realmente intrigado acerca de quién sería esa persona por cuyo consejo Quirino acudía a él. No había más tiempo que perder, pues de acuerdo con su anfitrión, las muertes y ataques eran mucho más numerosos de los que imaginaban los habitantes de la ciudad

Acto seguido trazó en su mente un plan de acción y lo expuso a Quirino.

—Primero, es necesario seguir el rastro a estos sucesos desde el principio y debo decir que mi contacto inicial con este mal lo tuve con el joven que comandaba un barco procedente de Chipre. Creo que debo empezar mis pesquisas por ahí.

—Tendrás los hombres que requieras y las facilidades que podamos brindarte, además de una buena recompensa.

—Créeme, Quirino Silvio que no es eso lo que me mueve, sino detener lo que temo pueda ser la causa. Sin embargo, agradezco tu gesto.

Mío y de la ciudad, —respondió Quirino notablemente más tranquilo—.

Ya en su casa, el mago envió en busca de Lisandro, el joven patrón del barco en cuya tripulación se había presentado el primer caso de tan rara enfermedad, para indagar si en las tierras que visitaran antes existían casos semejantes.

El joven acudió de inmediato y al entrar en la casa del médico no disimuló una mirada en torno como si buscase algo. Pronto aparecieron Nadir y Kemi con vino, pan y fruta para el invitado. Este hizo un relato detallado de lo que les había sucedido.

—El barco que hoy está a mi cargo es de mi padre. Desde que yo era un niño navegué con él, llevando mercancías, esclavos y eventualmente pasajeros. Aunque es pequeño comparado con los trirremes del imperio, obteníamos lo suficiente para vivir y conservar nuestra nave; pero las cosas cambiaron en este último viaje. En Chipre mi padre obtuvo un contrato para llevar algunos esclavos, cobre y una estatua con destino a Cartago. El hombre que lo contrató le pagó en oro un costo superior al establecido, con la condición de que sus pertenencias llegaran intactas y se entregaran lo más pronto que los dioses lo permitieran. Sucedió que acabábamos de echar el ancla en el puerto de esta ciudad cuando uno de nuestros remeros enloqueció y trató de asesinar a dos compañeros.

Más tarde, ya en su lecho, Cipriano trataba de organizar toda la información recabada sobre las extrañas muertes en la ciudad cuando Ananda que dormía a su lado, se incorporó gritando con angustia: ¡Los niños! ¡Los niños!

Corrió a la cuna del pequeño Mitradis, abrazándolo con fuerza tal que el mago tuvo que obligarla a entregárselo para evitar que lo asfixiara.

—¿Qué viste en tu sueño, Ananda querida? —Le decía intentando tranquilizarla—.

—Fuego y un niño... no... muchos niños en medio del fuego... Ardían vivos...

La mujer se cubrió la cara y lloró convulsivamente. Él la rodeó con sus brazos y así permanecieron por un largo tiempo, hasta que ella se tranquilizó, pero ya no recuperaron el sueño.

Los días transcurrían y las visitas de Lisandro se hicieron más frecuentes apareciendo siempre con algún obsequio para las mujeres de la familia.

Ananda y Nadir miraban al joven y sonreían. Kemi fingía no percatarse del interés que manifestaba el marino.

Aún quedaban en ella huellas a consecuencia del cruel engaño del que fuera víctima. Ananda le dijo, mirándola con ternura:

—Es un hombre atractivo y de noble corazón.

—¿Quién?

—¿Quién ha de ser? Lisandro.

—Sí. Debe serlo.

—Creo que sería muy afortunada la joven con la que llegue a casarse.

—Eso será asunto suyo —dijo la muchacha con brusquedad extraña en ella.

—Podría ser asunto tuyo también, Kemi, —continuó la adivina. —Dime Kemi: si abres una vasija de fruta y tiene gusanos, ¿todos los tarros de fruta los tendrán?

—No... Bueno. No lo puedo saber.

—¿Qué tendrías que hacer?

—Abrirlos para enterarme si tienen gusanos o no.

Ananda se puso de pie, se acercó a Kemi y poniendo afectuosa sus manos sobre los hombros de la joven le dijo mirándola a los ojos: —Pues bien. Abre esa vasija para ver si tiene dentro gusanos o... frutos deliciosos.

Kemi sonrió respondiendo afirmativamente con un movimiento de su cabeza.

A partir de esta conversación la joven dedicó más tiempo a su arreglo personal y aguardaba la visita de Lisandro, procurando estar presente para recibirlo.

El padre de la muchacha tenía sus reservas. No quería verla sufrir nuevamente, pero deseaba al mismo tiempo que ella fuese algo más que la hija del hechicero.

Finalmente, Lisandro decidió hablar con el mago, expresando su intención de entablar una relación con Kemi y con el tiempo casarse con ella. Como en la anterior ocasión, el padre consultó a su hija si estaba de acuerdo con la propuesta del joven. Ella aceptó, aunque su decisión tenía que ver más con la alegría que esto causaba a su familia; pues sentía por el joven tan solo simpatía y a la vez profunda gratitud debido a que él sin saberlo, podría rescatarla del dolor que aun le provocaba el pasado.

En tanto la relación de Kemi y Lisandro se consolidaba, Cipriano continuaba atendiendo a sus numerosos pacientes y consultando sus textos para aclarar el origen de la enfermedad que asolaba a la ciudad. Aumentaba el número de personas con accesos de furia que agredían a quienes les rodeaban y luego se quitaban la vida.

Las pesadillas de su mujer eran más frecuentes y a causa de las mismas ella no quería separarse de su bebé ni un momento.

El médico caminaba por la playa preparando su mente y su corazón para consultar a la Antigua Madre, cuando escuchó un llanto lejano que parecía traer el viento y que apenas podía distinguir del ruido de las olas. Pudo localizar al fin la dirección de donde procedía y hacia ahí se encaminó. No era solo el llanto desesperado de un niño, sino el de muchos y los lamentos aumentaban conforme se aproximaba a su origen. Al llegar a un punto en que se hacía insoportable ese coro que manifestaba un sufrimiento atroz quedó pasmado, pues ante él apareció solamente un terreno de ondulantes colinas y ruinas de alguna antiquísima construcción. Los lamentos callaron y al examinar los restos, Cipriano descubrió que se trataba de tumbas y sobre todas ellas, aparecía tallado el terrorífico símbolo de Tanit.

Ahora todo estaba claro para él, incluyendo las pesadillas de Ananda, que temía por el hijo de ambos.

Tan rápido como le fue posible, el mago llegó a la casa de Quirino Silvio y solicitó hablar con él. Una vez en su presencia y con toda la calma que le permitía el temor de lo que había descubierto le dijo:

—Creo que sé cuál es el origen del mal que estamos padeciendo.

Quirino guardó un expectante silencio.

—He escuchado el llanto de los niños sacrificados a Moloch en las ceremonias realizadas hace siglos, cuando Cartago aún no era romana.

Un escalofrío recorrió la médula del patricio.

—Sus cenizas claman aterradas porque creo que... él, Moloch, está aquí.

¿Cómo? —preguntó aterrado Silvio.

—Esta deidad, primitiva y terrible, necesita un recipiente

para manifestarse. Algo lo ha despertado y debe alimentarse. Es un devorador de sufrimiento. Las cenizas de los niños ofrecidos a él en holocausto lo advierten.

—¿Qué podemos hacer?

—Primero, noble Quirino, encontrar el recipiente en que ha vuelto Moloch a Cartago, y luego, conjurarlo.

—Daré órdenes para que se busque en toda la ciudad.

—No podemos saber aun qué o quién es lo que buscamos. Permíteme indagar por mi cuenta.

El médico se retiró a su casa teniendo una idea cada vez más clara sobre la presencia del viejo demonio en la ciudad, así que envió a buscar a Lisandro de manera urgente.

—Dime, Cipriano, ¿en qué puedo serte útil?

—Nos contaste que ustedes partieron de Chipre con una carga encomendada por un hombre muy rico.

—Así es. Pagó por mucho el costo del traslado de su carga. Lástima que mi padre no pudiera disfrutar de las ganancias, a causa de su repentina muerte.

—¿Podrías volver a decirme en qué consistía esa carga?

—Esclavos, cobre y una enorme estatua.

—¿Cómo era esa estatua?

—No lo sé. Nunca la vi. Estaba envuelta y así hicimos entrega de ella.

—¿A quién se la enrejaron?

—A Basilio, encargado de las obras de construcción en la ciudad. La quería para adornar un templo. Fue lo que escuché.

Sin dilación, el hechicero envió un mensaje a Quirino y se dispuso a reunirse con él. Lisandro se ofreció a acompañarlo, pues comprendió que algo muy grave sucedía y tenía relación con lo que él había traído en su barco.

Cipriano explicó a Quirino que era necesario encontrar la estatua a través de Basilio, quien era ahora su aparente propietario, advirtiéndole que era muy seguro que el constructor se resistiera.

Ya se tenían problemas con él, pues se sospechaba que existían irregularidades en la disposición de los recursos que se confiaban en sus manos para la adquisición de materiales que se empleaban en la obra pública.

No había tiempo que perder. Quirino asumiría la responsabilidad de las acciones que se debieran tomar y envió a varios hombres a su servicio a casa del constructor para ser llevado a su presencia y así interrogarlo.

Basilio era un sujeto de baja estatura, poco cabello y una delgadez extrema. Cuando escuchó de parte de los soldados la orden de comparecer ante Quirino y de revelar el paradero de la estatua procedente de Chipre, no solo se negó, sino que fue presa de un ataque de furia e incluso mordió la mano a uno de ellos.

Su fuerza era tan descomunal, que debieron someterlo entre varios soldados y solamente así fue posible llevarlo ante Quirino.

Los ciudadanos ante este espectáculo comentaban la suerte que le esperaba con las autoridades, pues sus trastadas eran de todos sospechadas. No imaginaban que tras sus forcejeos se ocultaba algo aterrador.

Aún se resistía con violencia y miraba con los ojos enrojecidos de rabia a quienes lo rodeaban, cuando Cipriano invocando a la Gran Madre, le arrojó al rostro un polvo que le hizo toser y luego lo sumió en un estado de total laxitud.

Basilio percibió temeroso el poder letal de la deidad que protegía al mago y comprendió que a causa de esta la protección de su demonio menguaba. Aterrado confesó que la estatua se encontraba encerrada en su casa y que aún no ocupaba el lugar asignado en el templo.

—Estamos a tiempo –dijo Cipriano más sereno.— Debemos trasladar a Moloch al lugar donde estuvo colocado para ser adorado.

—Eso sería un error. ¿No podría fortalecerse en un sitio sagrado?

—No, Quirino, porque en ese mismo lugar fue vencido también. Ahí lo enfrentaremos.

—Te ruego hagas que tus hombres lleven la estatua desde la casa de Basilio hasta las colinas donde están las tumbas antiguas y la depositen en el centro, apoyada en la torre de ocho lados y luego, que salgan de ahí inmediatamente. La efigie está envuelta en lana pura, sujeta con cadenas de cobre, debe permanecer así, o sus portadores serán poseídos. Esta noche intentaré devolver a ese demonio al otro lado del velo.

-No podrás hacerlo solo. Créeme. Necesitarás mi ayuda, —dijo una voz cálida.— Espero haber llegado a tiempo.

A pesar de los años y de la cabellera prematuramente blanca, Cipriano sintió un vuelco en el corazón al reconocer los ojos, la sonrisa y la inolvidable figura de su querido amigo Marcos. Ambos hombres se estrecharon con fuerza y en la mirada de los dos se reflejó la inmensa emoción que experimentaban.

Más tarde conversarían sobre todo lo que habían vivido desde que se separaron... Si es que pudieran sobrevivir para hacerlo.

Los dos amigos llegaron al ya entonces solitario campo de las tumbas y desenvolvieron la estatua. Sus ojos se abrieron con horror al contemplar aquella escultura de piedra. No solo era espantosa físicamente, sino que de ella emanaba tal malignidad que sentían una opresión en el pecho y la certeza de un peligro inminente.

Trazaron un círculo alrededor de la estatua y la torre octagonal en que se apoyaba. Ambos se colocaron frente a ella, a veinte pasos, donde pudieran ser vistos por la deidad al despertar.

Cuando el último rayo de luz se ocultó en el horizonte., un enorme fuego se encendió por sí solo, rugiente y amenazador en el interior de la estatua. Luces pequeñas, semejantes a luciérnagas brotaban de las tumbas y voces infantiles lloraban y gemían en medio de la oscuridad donde la única luz que emanaba era la del interior de la horrenda estatua de Moloch. Marcos oraba invocando el poder de Jesús para derrotar al demonio, en tanto Cipriano confiaba a la Gran Madre las almas de los niños para ser protegidas y rescatadas. El viento rugía y las voces de los dos hombres aumentaban de volumen e intensidad.

Las llamas que ardían dentro de Moloch crecían y una de ellas los alcanzó, Marcos en ese instante clamó con fervor la protección de Cristo. Cipriano sintió el poder de la Antigua Madre cuando luego de un trueno terrible, una lluvia repentina y torrencial apagó el horno interior de la estatua donde muchos niños murieran sacrificados.

El ídolo se derrumbó cayendo en pedazos. Los llantos infantiles se apagaron y cientos de lucecitas se alejaron rumbo al mar. La luna brilló esplendorosa, iluminando las colinas y las tumbas, ya en silencio y para siempre en paz.

Cipriano miró los cabellos de Marcos antes blancos y ahora chamuscados. Ambos estaban sentados sobre las piedras que quedaban de la torre octagonal exhaustos, pero serenos.

—Somos afortunados, amigo mío —dijo Marcos—. No nos ejecutaron por ladrones en Persia y no moriremos por insensatos enfrentando a Moloch. Temí no llegar a tiempo. He seguido a ese demonio por mucho tiempo. Apareció en Al Hira mi ciudad. Atacó a mi hijo, pero un santo hombre de Dios lo salvó. Ya era muy anciano para derrotar a este maligno ser y me instruyó para combatirlo en el nombre de Cristo. Seguí a Moloch hasta Chipre, pero el barco que lo transportaba ya había partido y cuando llegué aquí me enteré de que también tú te encontrabas en Cartago y decidí que era el momento de enfrentarlo. Gracias por arriesgarte conmigo, mi querido hermano.

—No, Marcos. Gracias a ti por confiar en mí. Regresemos a casa. Hemos terminado.

—Aún no, Cipriano.

—¿Qué quieres decir?

—La presencia de Moloch solo es una señal de una amenaza que se cierne sobre este mundo. Así lo dijo Antonio, un ermitaño que ha vivido en el desierto y que acudió a la comunidad cristiana de mi ciudad para advertirnos sobre la presencia del mal, en forma de demonios. Él mismo fue atacado por ellos, pero logró sobrevivir. Cuando los describió dijo que eran como humanos cubiertos con capas, como los jinetes de aquella terrible noche en Antioquía. Solo que no llevan capas.

—Se trata de alas —dijo el mago casi en un murmullo, recordando las palabras de Simón.— Ven, Marcos. Es necesario hacer que venga a Cartago un amigo mío que también sufrió a manos de esos seres.

XXI

La flor de muchos pétalos

L a paz regresó a Cartago y con ella la alegría al corazón de Kemi, pues se había acordado su matrimonio con Lisandro, quien pronto partiría a Alejandría en su nave cargada de trigo y aceite. Volvería con vino, lana, especias y pasajeros. Entre estos vendría Simón de Samaria, requerido por Cipriano.

Marcos no regresaría aún al lado de los suyos hasta que concluyera la tarea encomendada por el patriarca de su ciudad, investigar la presencia de seres malignos y cómo combatirlos.

El hechicero era feliz al lado de su familia, pero presentía que una gran prueba se aproximaba en su vida.

El regreso de Lisandro dio inicio a los preparativos de su boda con Kemi. Los festejos fueron superiores a los llevados a cabo cuando se casó con Gregorio, o así le parecieron a ella. La ausencia de su prometido le permitió darse cuenta de que lo extrañaba. No era amor como tal, pero sí una gran ternura lo que le inspiraba el marinero de hermosos ojos.

Una vez que Simón se instaló en casa de Cipriano, los reunió a todos para compartir lo que había indagado.

—Desde el más lejano pasado —decía el viejo sabio judío. Extraños seres, unos bondadosos y otros de sombra visitan a los humanos—.

—¿Ángeles y demonios?

—Es una forma de explicarlo Marcos, pero en realidad, ellos vienen de otro mundo. Uno más allá del velo.

—¿Quieres decir que hay dos mundos?

Simón sacó de entre su ropa un sello de piedra del tamaño de la palma de su mano. En el que estaba labrada una flor con muchos pétalos.

—Este sello es una copia que se guarda en la biblioteca alejandrina. Su origen se pierde en la oscuridad de los tiempos.

—Esa flor adornaba la entrada del primer templo que se construyó en el país de dónde vengo —dijo Ananda abriendo asombrada sus ojos.

—¡Es la flor que vi en mi sueño bajo los efectos del Ahoma! —exclamó Cipriano.

—Sus pétalos representan los mundos separados por velos que rodean al poder que los creó. Algunas veces, criaturas de un mundo penetran en otro y nos visitan. Si son de luz traen paz y conocimiento. Si son de sombra traen sufrimientos. Los primeros se manifiestan como ángeles o maestros. Los segundos como criminales sanguinarios o demonios. La presencia de Moloch y de las criaturas aladas anuncian que están cruzando el portal en mayor número.

Marcos mostró con un gesto de sus manos que acababa de comprender algo súbitamente y explicó: —Antonio, el viejo del desierto, nos habló sobre la advertencia que aparecía en los textos olvidados que escribieron en secreto los discípulos del Maestro. Mencionan oleadas de criaturas de sombra que a lo largo de la historia han sido azote de la humanidad. Parece que se acerca una más.

El hechicero tuvo una súbita revelación. Ahora tenía todo claro. Miró a cada uno y eligiendo bien sus palabras les dijo: —Si reflexionamos sobre nuestras propias vidas, el hecho de que estemos reunidos aquí pone en nuestras manos esta situación. Algo debemos hacer.

Simón afirmó con un movimiento de cabeza. —Creo que es lo que he estado esperando toda mi vida.

—El Señor ha escrito mi destino y yo acepto sus designios, —aseveró Marcos.— ¿Pero cómo sabremos por dónde están llegando a nuestro mundo esas criaturas?

—Ayúdame a revelártelo, Cipriano.— Era Ananda que con plena confianza se colocaba bajo el poder de su compañero.

—¿Estás segura? Sabes que el trance será agotador y peligroso.

—Pero necesario.

El mago puso a la vista de su mujer una gema tallada que despedía múltiples reflejos provocando que quedara en un estado de inconsciencia.

—Dime, Ananda, dónde se ha rasgado el velo.

—Ella lanzó un alarido estremecedor y en medio de movimientos convulsos respondió. En la isla de la gruta al averno...a medio camino... entre el reino de... Elisa y la... isla de Matunte.

El frágil cuerpo se sacudió nuevamente y los alaridos regresaron. Cipriano dio fin al trance y esperó a que su mujer recuperara la conciencia. Estaba agotada y adolorida. Con ternura, la llevó a descansar. Luego envió a buscar a su yerno y se reunió de nuevo con sus amigos.

Tenía claro a qué lugares se refirió Ananda en el trance: Cartago y Chipre.— ¿Conoces esa isla?— preguntó a Lisandro.

—Sí. Es temida por sus costas erizadas de rocas. Es una isla maldecida por los dioses. Quienes llegan a ella nunca vuelven a ser vistos.

—Debemos partir. Tú nos llevarás, pero permanecerás en la nave.

—No. Permíteme acompañarte. Ahora eres como mi padre, -dijo Lisandro.

—Agradezco tu valor; pero alguien debe cuidar de nuestra familia en caso de que no pudiéramos lograr nuestro propósito.

El yerno asintió conmovido.

El médico se volvió hacia Marcos: —Tú también debes permanecer aquí. Tu familia te aguarda en Al Hira.

—Amigo querido: Tú cuentas con tu magia, Simón con sus conocimientos. Yo cuento con mi fe y creo que estaremos de regreso victoriosos; pero si no fuera así, me espera un destino mejor, pues si muero cumpliendo con mi misión, el Padre me recibirá a su lado.

Los preparativos tomaron varias semanas. Ni llantos ni súplicas por parte de Kemi, Ananda y Nadir valieron para que Cipriano aceptara su compañía en el barco. Mitradis necesitaba de su madre y Kemi descubrió que estaba embarazada, feliz noticia en medio de tal incertidumbre.

El día de partir llegó por fin. El médico dejó en orden sus

asuntos y dio instrucciones a su mujer. Prometió a su hija que Lisandro volvería sano y salvo, pues se limitaría a acercarlos a la playa y aguardar su regreso, si este llegaba a realizarse.

Al despedirse ató a su cintura la efigie original y entregó la que él había creado a Kemi, quien llorando le dijo:

—Así hizo Bilquis, mi madre y nunca supe más de ella.

—Impedir el paso de seres malignos a nuestro mundo es una parte de mi destino, pero tú eres lo más importante. Volveré, pero si no lo hago, debes estar segura de que intenté hasta el final regresar a tu lado.

Días después Cipriano, Marcos y Simón miraban en silencio al horizonte. Habían arrostrado todo tipo de riesgos en sus largas vidas con valor e inteligencia, pero en esta ocasión no tenían ni la más mínima idea de lo que les esperaba y de cómo lo iban a afrontar. Compartían su decisión, pero no se atrevían a compartir sus temores.

Lisandro los esperaba en su barco. Era muy bonito. Construido con madera de ciprés y alerce, tenía dos velas cuadradas e incluso una de gavia triangular. En este viaje en lugar de carga llevaba hombres a encarar fuerzas desconocidas.

Ya se encontraban en pleno mar, cuando súbitamente aparecieron nubes borrascosas en el cielo y la tormenta no se hizo esperar. A pesar de los esfuerzos de Lisandro y sus marineros, era claro que la embarcación se hundiría tarde o temprano.

—Saben que estamos en camino, —dijo Simón con voz lóbrega.

El hechicero invocó a la Gran Madre elevando la estatuilla sagrada, mas la tormenta no amainaba. Súbitamente la luz del recuerdo de una situación igual se abrió paso en su mente y tuvo una revelación. ¡La niña del barco era Ananda! Aceptó que esa sorprendente revelación fuera su último pensamiento y resignado a su suerte bajaba sus brazos con la efigie, cuando alguien tomó esta y se encaminó a la proa elevándola por encima de su cabeza. El mago no daba crédito a sus ojos. ¡Era la propia Ananda en trance! La tormenta cesó y las olas disminuyeron su furia.

Cuando el mar y el cielo estuvieron en calma, ante la atónita mirada de los pasajeros, aparecieron Ananda, que aún sostenía la estatuilla, Kemi y Nadir con Mitradis en los brazos. Habían abordado la nave ocultas en grandes cajas, con la complicidad de uno de los marineros y aguardaron el momento propicio para presentarse.

No era posible regresar a las polizontes a Cartago, la presencia de Ananda había sido providencial y en el fondo Cipriano reconoció contra toda lógica que se sentía más fuerte teniendo con él a los que amaba.

Amanecía cuando tuvieron a la vista las rompientes de la costa de la isla. No había playas de arena suave, solo rocas amenazantes.

—¡Ahí está otra nave! —gritó Lisandro— ¡Se mueve para quedar oculta por la isla!

Pero nadie pudo verla y el joven patrón concluyó alarmado que debía tratarse de cazadores de esclavos, así que se puso en alerta en tanto buscaba un lugar seguro para aproximarse a las costas. Alguien más había llegado a la isla.

Lisandro descubrió una reducida caleta. Esperó a que la marea los aproximara y finalmente pudo atracar.

Nadir permanecería con Mitradis en la embarcación. Ananda y Kemi se negaron a abandonar a sus compañeros, pero aceptaron que en caso de peligro, huirían con el joven marino y escaparían de la isla sin mirar atrás. Esta estaba poblada de bosque y arbustos más que abundantes. A pesar de la exuberancia de la vegetación, no se escuchaba ningún ruido emitido por animales. Solo el sonido del mar llenaba el opresivo silencio que fue interrumpido por un trueno. Pero no había nubes en el cielo. Este se oscurecía y la luz del sol daba paso a una penumbra verdosa que los obligaba a caminar muy próximos, mirando lo mejor posible en dónde pisaban.

Conforme avanzaban hacia el interior de la isla los truenos continuaban hasta volverse ensordecedores.

Detrás de la vegetación, sorpresivamente surgió ante ellos lo que parecía un antiquísimo templo. No estaba construido con columnas y arcos. Se trataba de piedras gigantescas apiladas en extrañas estructuras y tras ellas se habría la inmensa boca de una caverna. Un escalofrío recorrió sus cuerpos cuando se dieron cuenta de que los truenos e incluso relámpagos de color cobalto se sucedían dentro de la caverna, como si ella encerrara el cielo mismo.

Una criatura oscura, del tamaño de un humano, escapó volando por la entrada de la gruta, pero por las proporciones de esta, el engendro alado y cornudo se veía muy pequeño.

—Ya no cabe duda. Esta es la rasgadura del velo —dijo Simón.

—¿Qué vamos a hacer? ¡El tamaño de la entrada hace imposible cerrarla! -Gritó Marcos para hacerse escuchar.

Cipriano recordó entonces el texto escrito en la pared de la cámara secreta en la casa de Bilquis:

—Del mar de luz emergió   el orbe pleno de vida que la Gran Madre defiende. Del otro lado del velo amenazan las sombras a la tierra. No hay que temer en la tribulación. Ella cierra el paso y contiene el Mal.

Desató la sagrada estatuilla de su cinturón y vio que brillaba, como aquella noche junto al lago de la luna.

—¡Debo acercarme a la entrada portando la efigie! — gritó a sus compañeros en medio de los truenos del interior que ahora eran continuos; pero cuando lo intentó, una fuerza invisible lo hizo retroceder, derribándolo.

El estruendo no le permitía alcanzar la serenidad para invocar el poder de la Antigua Madre. Vinieron a su mente los cantos de su padre, el susurro de los Djins, la música de Irmid, el latir del corazón inmenso... Todo tenía sonido... Todo era vibración.

Hizo una señal a sus acompañantes y pidió a Marcos y a Simón que cantaran salmos en una lengua que conociesen los dos. Ambos hablaban griego. El canto debía ser acompasado y melodioso como la música de las esferas, pero potente.

Muy lentamente y conforme los cantos se escuchaban, los truenos empezaron a disminuir. El mago elevó la estatuilla y se acercó nuevamente, en total sintonía con la Gran Madre. Esta vez no fue rechazado, pero dentro de la caverna los truenos, aunque menos intensos, no desaparecían y tampoco los rayos iridiscentes, que iluminaban hacia el interior una ciudad en ruinas cuyas dimensiones hacían imposible que estuviera dentro de la gruta.

Ninguna deidad escuchaba, ni siquiera la Antigua Madre. La boca de la aterradora gruta que servía como puente con otros mundos seguiría vomitando demonios.

Las suaves manos de Kemi tomaron la estatuilla de las de su padre y avanzó hacia la gruta. En medio de la penumbra verde se dibujaba su silueta de mujer encinta. Conforme avanzaba, los truenos enmudecían y los relámpagos disminuían. Lisandro y Cipriano intentaron lanzarse tras ella. La estatuilla resplandecía en sus manos y la bruma se disipaba. Una fuerza sobrenatural les impedía moverse.

Así que era ella la elegida, la portadora del poder. El hechicero había sido solo un vehículo para traerla al mundo y establecer con su sacrificio el orden cósmico. Porque algo estaba claro. No volvería a verla jamás. Un dolor jamás experimentado atravesó su pecho y Cipriano sintió que iba a morir.

Kemi estaba a punto de penetrar en la gruta cuando una figura se interpuso entre la joven y la entrada a otro mundo, arrebatándole la estatuilla. Era, en toda su esplendorosa belleza, la propia Bilquis.

Su voz se elevó por encima de los ya casi apagados truenos y se dirigió a la asombrada Kemi.

—Cada vez que las sombras amenazan al mundo un ser humano elegido debe sellar con el poder de la Gran Madre la entrada, penetrando más allá el velo sin saber si va a volver. Yo te concebí y te consagré para este fin... pero luego aprendí a amarte... y te oculté para evitar que este día llegara.

—Solo hay una fuerza que puede cambiar los designios del Cosmos. La fuerza indestructible del amor.

La magnífica reina de Saba empujó a su hija a los brazos del atribulado padre. Elevó la sagrada efigie y miró a Cipriano.

—Nos veremos, hechicero.

Luego, penetrando en la gruta, dijo con un tono de autoridad indiscutible.

—Sé que todavía me temen, miserables criaturas.

La gruta se derrumbó con un estruendo terrible. Kemi intentó correr para acercarse a su madre, pero esta ya había desaparecido en el interior. El hechicero y su hija cayeron de rodillas, llorando.

EPÍLOGO

Cipriano y Marcos caminaban por la playa. En la arena, Ananda y Nadir vigilaban al pequeño Mitradis, que sostenía en sus brazos la efigie sagrada que hiciera su padre. Desde la ventana de la antigua casa que ahora recobraba poco a poco su esplendor, Kemi mecía a una hermosa niña de pocos meses. Miraba al horizonte aguardando el barco de Lisandro, que pronto volvería de un viaje a Leptis Magna.

—Me despido, amigo querido —dijo Marcos—. Regreso con la caravana del nieto de Borad a Al Hira. Simón viene conmigo y de ahí se marcha a Berenice, con su sobrina. Dice que ya es muy viejo para estar solo en Alejandría y que ahora para él son más agradables los niños que los libros.

—Te extrañaré, mi incomparable amigo —dijo Cipriano.

—Supongo que estás feliz de volver después de tanto tiempo al hogar de tus padres. Tu amada Antioquía.

—No tanto, mi querido Marcos. Es verdad que llevé la efigie de la Antigua Madre a su destino. Pero no pude preservar su culto. Será olvidada como tantas otras deidades.

Los hoyuelos del sonriente Marcos le devolvieron la expresión que de niño lo caracterizaba.

—En eso te equivocas. Su culto sí será preservado y seguirá protegiendo a este orbe lleno de vida... Ahora será venerada como madre de un Dios.

Una y otra vez las olas bañaban las costas del Egeo, mientras el sol se ocultaba tras el horizonte.

SEMBLANZA

Adriana Anaya Cuéllar nació en Chihuahua, México, en 1961. Obtuvo la licenciatura en Educación en la Escuela Superior de Pedagogía y la maestría en Educación Superior en la Facultad de Filosofía y Letras de la Universidad Autónoma de Chihuahua.

Se desempeñó como docente de nivel secundaria, profesora en la Escuela Normal Superior José E. Medrano y asesora técnica pedagógica en el sistema educativo de su estado.

En 2011 publicó con los catedráticos de la Escuela Normal Superior Prof. José E. Medrano del Estado de Chihuahua, Maricela Márquez, José Luis García y José Aragón, el libro Experiencias docentes.

DATOS DE CONTACTO:

Teléfono

CEL: 52 614 1950303

FIJO: 52 614 3898241

CORREO ELECTRÓNICO

adrianacue@yahoo.com.mx

adrianacue751@gmail.com